„Selber machen“ Montessori Pädagogik für Eltern

Literarische Information der Deutschen Nationalbibliothek:

Die Deutsche Nationalbibliothek speichert diese Abhandlung in der deutschen Nationalbibliographie. Ausführlich literarische Daten sind im Internet über https://www.dnb.de/ zu finden.

2. Auflage 2021

ISBN: 9-798-7-2190-448-6

js

Sonja & Alexander Uhlmann

„Selber machen“ Montessori Pädagogik für Eltern

Wie Sie Kinder zur Selbstständigkeit & Achtsamkeit erziehen und welche Chancen & Risiken die Erziehung birgt.
Über 100 Aktivitäten von 0-12 Jahren

Inhaltsverzeichnis

„Der Erwachsene arbeitet, um seine Umgebung zu verbessern, während das Kind arbeitet, um sich selbst zu verbessern."

- Maria Montessori -

Vorwort

„Kinder sind Gäste, die nach dem Weg fragen."
- Maria Montessori -

Es gibt sehr viele wunderschöne Erlebnisse im Leben eines jeden Menschen. Einem Kind beim Aufwachsen zuzusehen, es bewusst und achtsam zu begleiten, ist mit Sicherheit eine der schönsten, spannendsten und zugleich abenteuerlichsten Erfahrungen des gesamten Lebens.

Es ist das erste Lächeln eines Säuglings, das uns verzaubert, um den Finger wickelt und vor allem mit bedingungsloser, unendlicher Liebe erfüllt. Es geschieht ganz automatisch, dass wir unseren Kleinsten die Hände entgegenstrecken, wenn sie mit staksigen Beinen ihre ersten Schritte machen, damit wir sie rechtzeitig auffangen können. Vergessen wir nicht das erste, deutliche Wort, das sie aussprechen und uns damit in einen Wirbel der Glücksgefühle versetzt.

Stundenlang könnte man Beispiele aufzählen. Ja, sicherlich gibt es auch Herausforderungen, die gemeinsam zu bestehen sind. Natürlich gibt es auch Frust und Verzweiflung, wenn wir nicht verstehen, warum das Kind nicht schlafen möchte oder unerklärliche Bauchschmerzen hat. Von eventuellen Wutanfällen wollen wir lieber gar nicht sprechen.

Es ist die Art und Weise, wie wir unser Kind auf diesem Weg begleiten wollen. Mit diesem Buch wollen wir Ihnen einen Leitfaden geben, wie Sie dem Kind eine liebevolle Unterstützung in der Gesamtheit seiner Entwicklung angedeihen lassen können. Wir zeigen, wie Sie ein Umfeld schaffen, das anregt, Sie die Entwicklung natürlich belassen und die Gefühle des Kindes dabei beachten und ernst nehmen.

Der angeborene Entdeckerdrang eines jeden Kindes ist es, dem es nachgehen muss. Genau dies wird unterstützt. Dazu braucht es abwechslungsreiche Möglichkeiten, sich zu erproben, aber auch neues erlernen zu können. Laut Maria Montessori ist es die erste Aufgabe des Erziehens, dass das Kind sich seine Lektionen eigenständig erwählt und durchführt.

Wir entführen Sie in die Welt der Montessori-Pädagogik. Sie werden sehen, sie ist nicht nur spannend, sondern auch dafür geschaffen, über uns selbst noch etwas zu lernen. Schaffen wir für das Kind die Lernumgebung, die es am besten stimuliert. Begleiten wir es durch die sogenannten „sensiblen Phasen". Unterstützen wir es mit besten Kräften dabei, durch seine natürliche Entwicklung zu gehen. Ja, diese beinhaltet unter anderem auch Wutanfälle. Nein, wir beurteilen diese nicht, sondern stehen mit liebevoller Begleitung dem Kind bei, wie in jeder anderen Lebenssituation auch. Die natürlichen, angeborenen Potenziale des Kindes sind es, die auf diese Weise für das Kind zugänglich gemacht werden sollen.

Richtig – jedes Kind strebt nach Unabhängigkeit. Es wäre fatal, wenn dem nicht so wäre. Wie sollte es dann ein vollwertiges, wertvolles Mitglied der Gemeinschaft werden? Mit diesem Buch erhalten Sie genau die Hilfestellung, die Eltern benötigen, um mit der Montessori-Methode das Bestmögliche in Ihrem Kind zu erwecken und zu fördern.

Tauchen wir gemeinsam ein, in die Welt der Montessori-Pädagogik. Wie sagte Maria Montessori so schön:

„Erziehung ist Vorbild sein und sonst nichts als Liebe."

Teil 1: Theorie

Begriffliche und inhaltliche Einführung in die Montessoripädagogik

Stellen wir gleich am Anfang die Frage aller Fragen: Was genau ist Montessoripädagogik und wie unterscheidet sie sich von anderen Reformpädagogik-Formen? Viele neue Formen der Pädagogik haben sich schon als Reformpädagogik bezeichnet und waren doch nur ein Abklatsch des bereits bestehenden Systems. So schauen wir bei jeder vermeintlich neuen pädagogischen Methode argwöhnisch, was diese nun wieder zu versprechen hat. Jedoch werden wir überrascht sein, was sie alles zu Tage bringen kann.

Was versteht man unter Montessori

Genau genommen handelt es sich bei dem Wort „Montessori" zunächst einmal um einen Namen. Es ist der Familienname der Frau, die die Montessori-Pädagogik ins Leben gerufen hat – Maria Montessori.

Wird das Wort „Montessori" in Zusammenhang mit Kindern oder Erziehung in den Raum geworfen, fällt den meisten Eltern dann vermutlich ein, dass sie schon einmal von der Montessori-Pädagogik gehört haben. Nur, dass sich die meisten Eltern, die sich an den normalen Erziehungsratgebern festhalten, die Frage nach der Montessori-Methode nicht weiter gestellt haben.

Frau Maria Montessori hat eine Form der Pädagogik entwickelt, die sich an den Bedürfnissen des Kindes, frei, ohne Zwang, im eigenen Tempo zu lernen und zu entdecken, orientiert. Dies mag sich für den Vertreter der „normalen" Pädagogik vielleicht befremdlich anhören, entspricht aber eigentlich den natürlichen Bedürfnissen eines Kindes und sollte somit eigentlich in aller Munde sein.

Übrigens: In der Montessori-Pädagogik gibt es weder Lob noch Strafe. Das scheint etwas archaisch, glauben wir doch alle zu wissen, dass man mit Lob dem Kind viel Auftrieb gibt, es mit Strafe jedoch verunsichert und ihm die Freude am Lernen, am Erkunden nimmt. Oder etwa nicht? Nun, nach Maria Montessori verhält es sich wie folgt: Sowohl Strafen wie auch Lob und Preise sind nichts anderes als die Aufforderung zu erzwungenen oder unnatürlichen Bemühungen, ein anderes Ergebnis herbeizuführen. Sie nennt dies eine unnatürliche Entwicklung des Kindes. Und genau deshalb verzichtet man auf Lob oder Strafe. Ganz einfach, nicht wahr?

Aber warum? Nun, nehmen wir an, Sie versprechen Ihrem Kind einen Lolli, wenn es sich endlich die Jacke eigenständig schließen kann. Sicherlich wird es diese Herausforderung vermutlich meistern. Es macht es aber nicht, um unbedingt die Jacke zu schließen, mehr wegen des Lollis. Ebenso wird bei einer Strafarbeit dies nicht aufgrund des Lerneffektes verrichtet. Der Grund dafür liegt in der „höheren Gewalt", die vom Lehrer ausgeht.

Kann dem Kind aber eine Hilfe zur Selbsthilfe gegeben werden, so ist es eigenständig am Werk, hat selbst etwas zuwege gebracht. Es kann, zu Recht, stolz auf sich und seine Leistung sein.

Ziele der Montessori-Pädagogik

Die Ziele, die für die Montessori-Pädagogik gesetzt wurden, entspringen nicht der Fantasie. Ganz im Gegenteil – Maria Montessori hat, bevor sie ihr Konzept der Öffentlichkeit vorgestellt hat, viel „Feldforschung" betrieben. Sie war ausgebildete Kinderärztin, auch im Bereich der Psychologie, und hat viel in Kindergärten, Kinderhäusern und Schulen hospitiert, um sich über die Bedürfnisse der Kinder der unterschiedlichen Altersstufen einen Eindruck zu verschaffen und zusammen mit den Kindern Ansatzpunkte für die „neue" Methode zu entwickeln.

Das Ziel war für sie stets klar vor Augen: Die Kinder sollten sich mit der zurückhaltenden Unterstützung der Erwachsenen zu selbstbewussten, verantwortungsvollen, eigenständigen Persönlichkeiten entwickeln können. Sie war davon überzeugt, dass nur auf diese Weise jedes Kind zu einem verantwortungsvollen Erwachsenen heranwachsen kann, um Mitglied einer Gesellschaft zu werden, die ein friedvolles Miteinander für eines der höchsten Güter im Leben ansieht. Maria Montessori sah in ihrer Methode nicht nur reine Pädagogik, sondern eine Friedenspädagogik – für eine bessere Welt.

Maria Montessori

Maria Montessori (* 31. August 1870 in Chiaravalle; † 6. Mai 1952 in Noordwijk aan Zee) war nicht nur eine Reformpädagogin, sondern auch Ärztin, Philanthropin und Philosophin.

Ursprünglich stammte Maria Montessori aus Italien, wo sie in einer sehr gebildeten Familie aufwuchs. So war ihr Vater, Angestellter beim Finanzministerium, Leiter einer staatlichen Tabakmanufaktur. Ihre Mutter, Renilde Montessori, geborene Stoppani, war die Großnichte von Antonio Stoppani, der seines Zeichens nicht nur ein katholischer Theologe gewesen ist, sondern auch ein angesehener Geologe. Durch ihn hat sie die Grundfeste der Theologie, der Naturwissenschaften, aber auch der gemeinsamen Verbindung kennengelernt. Auf dieser Basis wurde die spätere kosmische Entwicklungslehre von Montessori entwickelt.

Bis dahin war es für Maria ein weiter Weg. Die Begeisterung für die Naturwissenschaften regte sich bereits in der Grundschule. Leider hatte sie einen starken Gegner gegen diesen Weg in ihrem Vater gefunden. Dennoch besuchte sie später das technische Gymnasium und nach dem Abitur wollte sie ursprünglich die medizinische Laufbahn einschlagen, was leider fehlschlug. Offiziell durften Frauen auch in diesem Bereich ein Studium beginnen. Inoffiziell hatte man alle Studienplätze für männliche Bewerber freigehalten. Somit entschloss sie sich, zunächst einmal die Naturwissenschaften zu studieren. Dies tat sie in der Zeit von 1890 bis 1892. Danach gelang es ihr, sich für das medizinische Studium einzuschreiben, welches sie als erste Frau Italiens im Jahr 1896 erfolgreich mit dem Promovieren beendete.

Schon während des Studiums war es die Entwicklung des Menschen, die sie besonders interessierte. Hierzu gehörten unter anderem die Bereiche der Embryologie, die Evolutionstheorie, der psychologische Bereich des Positivismus sowie die Kinderheilkunde und die Kinderpsychologie.

Es ist unschwer zu erkennen, dass ihr die kindliche Entwicklung besonders am Herzen lag, weshalb sie Kinderärztin mit Schwerpunkt Psychologie wurde. Insbesondere die geistig schwer behinderten Kinder fanden ihre Aufmerksamkeit. Bei dieser Arbeit stieß sie auf die Arbeiten von Eduard Séguin und Jean Itard. Sie waren in Vergessenheit geraten, erregten aber Marias Aufmerksamkeit. Aufgrund dieser Basis war sich Maria sicher, dass die geistig behinderten Kinder grundsätzlich kein medizinisches Problem darstellten. Vielmehr sah sie darin ein pädagogisches Problem. Sie stellte als Erste die Forderung nach gesonderten Schulen für diese Kinder, in denen sie beschult werden konnten.

Nach dem Studium eröffnete sie eine eigene Praxis und praktizierte dort nicht nur, sondern forschte an ihrer anthropologisch-biologischen Theorie, die sich dadurch immer weiter entwickeln konnte. Die Grundlagen für diese Theorie konnte sie in Kinderhäusern durch praktische Experimente und neuropsychiatrischen Ansätzen festigen.

Im Jahr 1899 erhielt sie den Auftrag vor Lehrerinnen zu diesem Thema zu dozieren und konnte auch das erste heilpädagogische Institut in Italien eröffnen. Insbesondere konnte sie in diesen Jahren Material für den Sprach- und Matheunterricht entwickeln.

1901 schrieb sie sich wieder zum Studium ein. Diesmal sollten die Bereiche Erziehungsphilosophie, Anthropologie und Psychologie auf dem Unterrichtsplan stehen. Für ihre anthropologischen Erhebungen besuchte sie viele Schulen im ganzen Land. Bereits im Jahr 1904 hielt sie Vorlesungen über Pädagogik und Anthropologie.

Das Kinderhaus „Casa dei Bambini" wurde im Jahr 1907 gegründet und nahm geistig gesunde Kinder aus sozial schwachen Familien auf. Hier konnte Maria nicht nur etwas Gutes für die Kinder tun, sondern auch ihre pädagogische Forschung vorantreiben. Die Ergebnisse, die sie in den folgenden Jahren aus dieser Arbeit ziehen konnte, stellten die Basis für die Montessori-Methode, die sich seitdem in der ganzen Welt verbreitet hat und begeisterte nicht nur die pädagogische Welt.

1924 ordnete Mussolini die Einführung der Montessori-Methode in allen Schulen Italiens an. War die Unterstützung anfänglich eine große Ehre, sollte sich die Montessori-Bewegung in den 1930 Jahren von der Regierung abwenden, da die Einmischung einfach zu groß wurde, um den Ursprüngen noch zu entsprechen.

Bereits ab 1913 machte die Methode der Montessori sich auf, um die Welt zu erobern. Dies gilt insbesondere für Nordamerika. Allerdings konnte es sich dort nach einem großen Anfangsinteresse erst in den 1960er Jahren wirklich durchsetzen.

In Deutschland konnte ein gesteigertes Interesse ab 1920 verzeichnet werden. Jedoch konnte man dann erst nach 1945 weiter an den wahren Grundsätzen der Montessori-Methode anknüpfen, mit wachsendem Erfolg.

Auf Einladung der theosophischen Gesellschaft wurde Maria im Jahr 1939 nach Indien eingeladen. Sie wurden jedoch aufgrund der Kriegswirren interniert. In dieser Zeit war es ihr jedoch immer noch erlaubt, Vorträge zu halten und Ausbildungskurse abzuhalten. Bevor sie 1949 Indien endgültig verließ, entwickelte sie in Indien das Konzept der „Kosmischen Erziehung" sowie den „Erdenkinderplan".

Entwicklungspsychologie – die vier sensiblen Phasen des kindlichen Entwicklungsprozesses

Was ist eine sensible Phase in der Entwicklung eines Kindes? Genau diese Frage muss an dieser Stelle beantwortet werden, damit die Methode der Montessori überhaupt weiterhin Sinn ergibt. Nach Montessoris Definition gibt es mehrere sensible Phasen eines Kindes, in denen es sich für bestimmte Erfahrungen ganz besonders offen zeigt. Das bedeutet, dass ausgewählte Bereiche seiner Umgebung eine besondere Aufmerksamkeit erhalten. In einer sensiblen Phase lernt das Kind mit besonderer Leichtigkeit, mit besonderer Freude und vollkommen ohne Anstrengung genau die Lektionen, die seinem Entwicklungsstand, seinen bisherigen Fähigkeiten entsprechen. Oftmals bemerken die Kinder gar nicht, dass sie „lernen“, dennoch erlangen sie die Fähigkeiten, gewissermaßen nebenbei. Hat sich das Zeitfenster einer sensiblen Phase geschlossen, wird das Kind wesentlich mehr Zeit, mehr Mühe investieren müssen, um diese Fähigkeit für sich erschließen zu können.

Sprechen wir also über eine der sensiblen Phasen, sollten wir uns am besten ein Fenster vorstellen, das nur für einen kurzen Zeitraum geöffnet ist. Ist es wieder geschlossen, kann erst beim nächsten Öffnen erneut etwas Wertvolles hineinströmen. Wie wir den richtigen Zeitpunkt erkennen können? Nun, wir sind laut Montessori ja ohnehin in unserer Hauptfunktion ein Beobachter unserer Kinder. Somit ist es wichtig, Anzeichen für das Herannahen einer sensiblen Phase zu erkennen. Hierbei kann es sich um das Interesse an einem vollkommen neuen Material im Montessori-Regal handeln. Vielleicht versucht das Kind auch, die Buchstaben oder Zahlen der Material-Kärtchen auf einem leeren Papier zu kopieren.

Egal um welche sensible Phase es sich handelt, ist sie stets von eher kurzer Dauer und hilft dem Kind dennoch eine neue Fähigkeit zu erlangen oder zu erweitern. Für gewöhnlich kann ein Abebben bemerkt werden, wenn die Fähigkeit erlangt wurde. Das Zeitfenster beginnt sich zu schließen.

In diesem Zusammenhang konnte Montessori übrigens auch feststellen, dass jedes Kind sein eigenes Tempo, seinen eigenen Entwicklungsplan durchläuft. Folgerichtig ist die sensible Phase eines jeden Kindes in puncto Zeitpunkt und Dauer individuell festgelegt.

1. Phase – Zeit des Aufbaus – Kindergarten (0 - 6 Jahre)

Diese Phase ist gemäß Montessori die Phase, die sie als „absorbierenden Geist“ bezeichnet. Insbesondere in dieser Phase bemerken wir, dass die Kinder sich über einen recht langen Zeitraum in eine Sache vertiefen können. Tauchen sie daraus hervor, kann man förmlich spüren, dass sie „ihre Lektion“ gelernt haben, die aktuelle Fähigkeit ans Tageslicht befördert haben.

In dieser 1. Phase zeigt sich das Kind sensibel für die motorische Entwicklung, aber auch der Sprache, des Ordnungssinns und der Sensorik.

Im Idealfall bieten sowohl das vorbereitete Umfeld als auch der Alltag des Kindes ausreichend Anreize, damit das Kind diese Phase optimal nutzen kann. Es werden nicht nur neue Materialien, die die Entwicklung der Sensorik und der Sinne fördern kennengelernt, darüber hinaus werden auch die Sprache und die Motorik angesprochen.

Die Materialien werden entsprechend der unterschiedlichen Bereiche ausgewählt.

Neben diesen Bereichen ist diese Phase aber auch entscheidend für die Entwicklung der Persönlichkeit. In dieser Zeit werden die Grundsteine für verschiedene Charakterzüge gelegt. So sollte das Kind bereits jetzt lernen, dass es höflich mit anderen Wesen (Mensch, Tier, Natur) umgehen sollte. Andere werden weder verletzt noch in anderer Weise versehrt. Dieser Grundstein für den gegenseitigen Respekt ist mit einer der wichtigsten Lektionen, die jedes Kind in seinem Leben lernen muss.

Was jetzt gelernt und unauslöschlich abgespeichert werden kann, wird auch im späteren Leben nicht in Frage gestellt. Im Gegenteil, das Kind weiß, dass es darauf aufbauen kann und sich mit dieser Verhaltensweise immer auf der sicheren Seite wähnen kann.

Für die Eltern ist es in dieser Phase besonders wichtig, die Vorbildfunktion in jeglicher Hinsicht einzuhalten. Diese Phase wird auch in anderen pädagogischen Systemen als Präge- und Kopierphase bezeichnet. Die Kinder kopieren also vieles, was ihnen die Eltern vorleben. Sie wissen, was dies für Sie bedeutet, nicht wahr?

2. Phase - Zeit des Ausbaus – Schulzeit (6 - 12 Jahre)

In dieser zweiten Phase finden wir den Lebensschwerpunkt des Kindes in der realen Welt. Für alle Erfahrungen, die sich in dieser realen Welt auftun, ist das Kind nun besonders empfänglich. Durch den intensiveren Kontakt mit anderen Menschen entwickelt das Kind nun ein moralisches Bewusstsein, beginnt zu verallgemeinern. Soziale Beziehungen werden interessanter. Zudem wird auch der persönliche, sensible Aspekt mehr in die sozialen Beziehungen eingebracht.

Die Zusammenhänge des großen Ganzen, die Art und Weise, wie die Welt funktioniert, liegt nun im Fokus ihrer Interessen. Die gesamte Interaktion der Gemeinschaft, das daraus entstehende Verhältnis zwischen Gut und Böse will verstanden und unterschieden werden.

Der Alltag in der Schule ist von einem weitestgehend fächerübergreifenden Unterricht geprägt. Wie in der Montessori-Pädagogik üblich, wird auch in dieser Phase mit realen Materialien gearbeitet. Durch den realen Bezug zum Material können die Kinder sie in die reale Welt übertragen, einen konkreten Bezug zum Themenbereich bilden. Altersgemischte Gruppen sind in der Montessori Einrichtung ein wichtiges Bindeglied zwischen den Altersstufen einerseits. Andererseits ist es einer der Grundbausteine dieser Methode, dass sich die Kinder verschiedener Altersstufen gegenseitig helfen und unterstützen. Dies geschieht im Schulalltag „ganz einfach“. Es wird nicht forciert, vielmehr lässt man es geschehen.

3. Phase – Zeit des Umbaus - Erdkinder (12 - 18 Jahre)

Die Pubertät, wie diese Phase herkömmlich genannt wird, bringt viele Veränderungen mit sich. Diese Veränderungen umfassen wortwörtlich ALLE Ebenen des jugendlichen Seins. Zum einen möchte der Jugendliche noch den Schutz und die Geborgenheit der Familie, der schulischen Gemeinschaft, mit anderen Worten einer sozialen Gemeinschaft, in vollem Maße in Anspruch nehmen (können). Zum anderen ist es ihm ein großes Bedürfnis, sein Selbstvertrauen und damit auch sein Selbstbewusstsein zu erweitern und zu festigen. Dies geschieht durch eigenständiges Tun und Handeln.

In dieser Phase liegt ein großer Schwerpunkt des Jugendlichen auf dem Thema Gerechtigkeit, soziale, aber auch gesellschaftliche Prozesse und Menschenwürde. Aus diesen Teilbereichen ergibt sich ein umfassendes Interesse an wissenschaftlichen Erkenntnissen und politischem Geschehen.

Grundsätzlich unterscheiden sich die Schüler verschiedener pädagogischer Methoden nicht. Sie befinden sich alle in der gleichen Misere. Dennoch ist es in der Montessori-Pädagogik ein wenig anders. Sicherlich sollten die Eltern immer als Vorbild wirken und dem Kind zeitgleich die starke Schulter zum Schutz und zur Geborgenheit bieten. Die Montessori-Kinder aber wissen um diesen Part und werden ihn stets von ihren Eltern einfordern, während sie in anderen Systemen versuchen, sich freizustrampeln und dabei gerne auf die Unterstützung der Eltern verzichten bzw. sie vehement abweisen, denn in der Montessori-Pädagogik ist man sich der eigenen Position in der Gesellschaft bewusst, auch wenn der genaue Punkt in dieser Lebensphase natürlich noch nicht zu hundert Prozent feststeht. Aus diesem Grunde ist es für den Jugendlichen wichtig, die Chance zu erhalten, selbst Verantwortung zu übernehmen. Dies geschieht gerne durch die Arbeit auf dem Bauernhof, der der Einrichtung angeschlossen ist, dem Erdkinderplan.

Auf dem Erdkinder-Bauernhof befindet man sich auf einer Einrichtung für die Jugendlichen dieser 3. Phase der Erfahrungsschule. Der Bauernhof ist einerseits Produktionsstätte, andererseits eine Stätte des Handels. Dies beinhaltet den Vertrieb, die Lagerhaltung, den Warenaustausch und selbstverständlich auch die dafür notwendige Kommunikation. Um das Erfahrungsangebot abzurunden, ist auf den Erdkinder-Höfen ein Gästehaus, das sowohl als Dienstleistungseinrichtung, aber auch als Kontakthaus zum Einsatz kommt.

Natürlich können die Jugendlichen, die sich hier einschreiben, der regulären Schulpflicht nicht entziehen. Das Konzept umfasst daher auch das Gesamtkonzept für die Sekundarschule. Was aber ist das eigentliche Ziel der Höfe? Neben dem Ziel, eigenständig Verantwortung zu übernehmen und sich in gegebene Strukturen zu integrieren, ist es ein schöner Nebeneffekt, dass die Jugendlichen für ihre dortigen Tätigkeiten entlohnt werden. Dies fördert nach Montessoris Vorstellung die Selbstständigkeit und Unabhängigkeit des Jugendlichen.

Warum das Projekt „Erdkinder“ genannt wird, obwohl es doch wirtschaftliche Aspekte beinhaltet? Nun, die Arbeit mit den Tieren, mit dem Land und der Landwirtschaft gilt für die Montessori-Pädagogik als Verbindung mit dem Ursprung, der Herkunft. Um gleichzeitig den Bezug zur heutigen Wirtschaft zu erhalten und zu festigen, werden die Bereiche der Ökonomie Warenaustausch, Produktion und

Handel integriert. All diese Gebiete geben dem Jugendlichen die Option, sich für seine berufliche Zukunft in alle Richtungen orientieren zu können: Naturwissenschaft, soziale Fachbereich, Ökonomie, aber auch Geschichte.

Sie sehen, das Konzept des Erdkinder-Hofes ist hervorragend durchdacht und breit gefächert. Allerdings sind die Plätze begrenzt, da nicht in jeder Region des Landes ein Erdkinder-Hof etabliert wurde. Die soziale Komponente, die sich zwischen den Lehrern und den Schülern ergibt, stärkt die Jugendlichen in jeglicher Hinsicht, unter anderem im Umgang mit Vorgesetzten, die nicht zwangsläufig ihre Feinde, ihre Konkurrenten sein müssen. Das bewusste Miteinander auf Augenhöhe wird nicht nur auch im Arbeitsbereich verankert, sondern maßgeblich gestärkt.

Auch wenn das Lernen, das Arbeiten, das Miteinander auf dem Erdkinderhof ganz besonders im Vordergrund steht, ist es eine Selbstverständlichkeit, dass den Jugendlichen ausreichend Raum für den persönlichen Rückzug gegeben wird, der in dieser Altersstufe eine Notwendigkeit ist. Nichts bringt den Menschen mehr durcheinander als das Durchwandern der Pubertät. Dieser Notwendigkeit muss sowohl auf dem Hof als auch bei den Eltern zu Hause nachgekommen werden.

4. Phase – Erfahrungsschule des sozialen Lebens (18 - 24 Jahre)

Der Reifeprozess ist mit dem Erreichen der rechtlichen Volljährigkeit noch lange nicht abgeschlossen. Im Gegenteil – dies ist die Zeit, in der sich der junge Mensch für einen Beruf entscheiden muss. Dies ist die Zeit, in der die meisten ihr Zuhause verlassen, um an einer Universität, einer Fachhochschule zu studieren oder ganz einfach ihre ersten eigenen vier Wände beziehen möchten. Das bedeutet, dass ein großer Teil des Schutzes, den man bisher genießen konnte, nun verloren geht. Sicher, man weiß die Eltern, ihren Schutz, ihre Geborgenheit genau dort, wo sie bisher immer gewesen sind, doch man lebt nicht mehr Tür an Tür.

Entscheidungen, die man jetzt trifft, trifft man tatsächlich eigenständig. Jetzt entscheidet sich, wie fest das Fundament ist, welches bis zu diesem Zeitpunkt geschaffen wurde. Kann es sich jetzt auf seine Entscheidungen bauen, sich auf die getroffene Wahl seines Lebensweges verlassen, steht einem blühenden Lebensweg nichts im Wege. Jetzt zeigt sich, wie gut die Montessori-Methode bei einem selbst gefußt hat und was man mit dem bisher Gelernten anfangen kann.

Übrigens: Selbstverständlich stehen „echte Montessori-Eltern" ihren Kindern auch in dieser vierten Phase noch unterstützend beiseite, wenn sie darum gebeten werden. Den Beobachtungsposten werden sie natürlich auch jetzt nicht aufgeben. Jetzt erst recht nicht!

FAZIT

Diese vier Entwicklungsphasen durchläuft jedes Kind im eigenen Tempo, mit der eigenen Intensität und den persönlichen Schwerpunkten.

Konkurrenzdenken ist so weit wie möglich ausgeschaltet, kann aber natürlich auch in diesem Umfeld nicht zu hundert Prozent eliminiert werden. Haben die Grundlagen der vier Entwicklungsphasen aber gegriffen, ist Konkurrenz nichts, was dem Montessori-Kind Angst machen wird. Vielleicht ist es ein Ansporn. Vielleicht zeigt es sich davon überhaupt nicht beeindruckt, da es um seine eigenen Fähigkeiten bestens Bescheid weiß. Still und zurückhaltend, und wenn es dann sein muss, auch einmal lauter!

Vorbereitung auf den Alltag: die besonderen Montessori-Materialien

Maria Montessori war davon überzeugt, dass ALLE Kinder lernen können, auch die Kinder, die unter verschiedenen Behinderungen zu leiden haben. Damit waren für sie auch die Kinder gemeint, die geistige Defizite aufwiesen. Da diese zur Zeit der Montessori noch in Irrenanstalten abgeschoben wurden, handelte es sich bei dem pädagogischen Vorstoß von Montessori um ein bahnbrechendes Element, das weltweit weite Kreise ziehen sollte. Nach ihren Vorgaben steht jedes Material für sich. Zudem sollte es nur einen Lerninhalt an das Kind weitergeben.

Um kindgerecht zu sein, müssen die Materialien einiges aushalten, sprich, sie müssen sehr robust sein. Zur Herstellung der Lehrmaterialien werden natürliche Rohstoffe benötigt, Holz, Stoffe, Metall. Die farbliche und den Tastsinn ansprechende Gestaltung ist auf Kinder auszurichten. Nicht immer ist es möglich, doch sollten die Kinder eigenständig die Möglichkeit haben, das Material zu kontrollieren.

Maria Montessori hat hierzu noch die nachfolgende Einteilung gemacht, um das Material voneinander zu unterscheiden:

Sinnesmaterial

Der Name beinhaltet schon das Ziel dieser Materialien, denn in dieser Rubrik finden wir alle Materialien, die zur Schulung der einzelnen, körperlichen Sinne eingesetzt werden können. Hierzu gehören unter anderem:

- Der Geruchssinn
- Der Farbsinn
- Der Geschmackssinn
- Der Gefühlssinn
- Der Gehörsinn

Die gerade genannten Sinne bilden die Basis, auf der jedes Kind seine Entwicklung, sein eigenständiges Lernen beginnt. Hier können die ersten „Erfahrungen“ beim Erkennen, Einordnen wie auch Strukturieren durchlebt werden. Diesen Sinnen, die sich durch diverse Altersstufen hindurchziehen, bis sie recht gut erlernt wurden, wird die sogenannte liegende Acht hinzugefügt. Sie selbst wissen es genau – wir sind nichts ohne unsere Sinne. Kein Wunder, strömen doch in jeder Sekunde viele Sinneseindrücke auf uns ein, ohne dass wir etwas dagegen tun können! Gerüche, Geräusche, Eindrücke, die wir fühlen oder schmecken können, sie alle sind in einem sich ständig ändernden Cocktail um uns herum. Sie beeinflussen unser Denken, unsere Gefühle und damit auch den Ablauf des Tages, der sich aus den sich daraus ergebenden Reaktionen ergibt. So ist es nicht verwunderlich, dass es Maria Montessori besonders wichtig war, die Kinder in der Sinneswahrnehmung zu schulen.

Wie funktioniert das mit der Sinneswahrnehmung? Fangen wir mit dem einfachsten an. Dies sind die Gerüche, denn sie wandern ungefiltert bis zum limbischen System -

dem Sitz unserer Emotionen - und lösen dort eine Reaktion aus. Ob diese erst angelegt werden muss oder bereits vorhanden ist, ist zum einen von dem Geruch abhängig, also, ob man ihn schon gerochen hat, zum anderen ist bei einer vorherigen Geruchsaufnahme nicht zwangsläufig eine Erinnerung abgespeichert worden. So kann etwa der Orangenduft separat aufgenommen, aber in einem Weihnachts-Duft-Potpourri nicht einzeln wahrgenommen werden.

Alle anderen Sinneswahrnehmungen müssen einen konkreten Ablauf durchwandern, bis sie endlich im limbischen System ankommen können. Sie werden für gewöhnlich zunächst im Thalamus kontrolliert, danach zur Großhirnrinde durchgelassen. Dies erklärt auch, warum Gerüche uns ganz direkt beeinflussen können.

In diesem Bereich ist es besonders einfach, sich Material zu beschaffen. Schauen Sie sich nur in Ihrer Küche um oder bleiben Sie beim Spazierengehen öfters einmal stehen, um neue Geräusche zu finden. Die Schulung der Sinne gehört für jedes Kind von der ersten Lebenssekunde zum Leben dazu und kann beliebig erweitert werden. Schöne Spiele, die auch mehrere Kinder umfassen, können mit den Sinnesübungen kreiert werden.

Montessori hat selbstverständlich ebenfalls viele Prototypen erschaffen, an denen man sich orientieren kann. Wer einmal in einen Montessori-Shop geschaut hat, weiß, was gemeint ist. Als absoluter Klassiker ist hier der Rosa Turm. Folgende Materialien werden auch gerne verwendet: Geschmacksfläschchen, Geräuschdosen, Farbtäfelchen, diverse Materialien und Naturstoffe zum Fühlen, Geruchsdosen.

Sprachmaterial

Wer an Sprache denkt, wird an die Muttersprache denken, denn genau diese sollte jedes Kind als Erstes lernen. Sicherlich ist das Sprechen am besten beim Nachahmen der Laute und Worte der Eltern zu erlernen. Der Ansatz der Montessori jedoch fängt beim einzelnen Buchstaben an. Viele verschiedene Möglichkeiten gibt es, die Buchstaben zu zeigen, sie dem Kind zum Fühlen zu geben. In der Montessori Pädagogik erfolgt das Erlernen der Buchstaben und damit der Sprache schrittweise:

- Erkennen der Form sowie Anordnen des Buchstaben
- Erkennen des zum Buchstaben gehörigen Lautes
- Lernen des Schreibens des Buchstaben, auch wenn sie vom Laut abweicht
- Aufgliederung der einzelnen Bestandteile der Wörter
- Wortstämme erkennen

Mit den ganz Kleinen fangen wir selbstverständlich spielerisch an. Es wird so oft wie möglich mit ihnen gesprochen, damit sie später das Gehörte mit dem Gesehenen „nur" noch zusammenbringen müssen, wobei sie selbstverständlich unterstützt werden. Geben Sie beim Vorlesen ruhig einmal dem Kind das Buch und schauen Sie, was passiert. Richtig, die meisten Kinder nehmen sich das Buch, öffnen es und „lesen" vor. Viele verändern sogar bereits in diesem Anfangsstadium des Wortverständnisses die Stimme, wie Sie es beim Vorlesen vermutlich auch tun. Fantastisch! Genau so soll es sein.

So passiert es ganz automatisch, dass das Kind kurze Wörter nachzuzeichnen versucht. Kurze Wörter, bestimmte Schriftzüge oder Logos kann es sich am einfachsten einprägen. Vielleicht versucht es auch bereits, diese nachzumalen, wenn es das Schreiben, das Malen bei größeren Personen sieht. Sollten die Buchstaben dabei keinen Sinn ergeben, ist dies nicht schlimm. Das kommt im Laufe der Zeit. An diesem Punkt befindet sich das Kind ja erst auf einer Vorstufe des Schreibens und des Lesens. Denn noch muss es zunächst die Bedeutung des Wortes erkennen und die vielen Worte in gesprochener und geschriebener Form kennenlernen. Sehr gerne wird in den Montessori-Einrichtungen mit den Anlautbildern gearbeitet, wenn man es denn Arbeit mit den Kindern nennen möchte.

Das Ziel ist selbstverständlich, nicht nur die Bedeutung und die Aussprache eines Wortes zu (er-)kennen, sondern die einzelnen Buchstaben auch korrekt zu schreiben. Hierbei sollte niemals Druck auf das Kind ausgeübt werden. Einige Wörter werden sich dem Kind wie von selbst einprägen, während andere schwerlich, Buchstabe für Buchstabe, erlernt werden müssen.

Übrigens gehören auch Schwungübungstafeln zu der Grundausstattung, die gemäß Montessori im vorbereiteten Raum vorhanden sein sollte.

Sicherlich ist es die Muttersprache, die auch an den Montessori-Einrichtungen zuerst erlernt wird. Später dann werden Fremdsprachen hinzugefügt. Dies wird, je nach Fähigkeiten des Kindes, früher oder später geschehen. Kinder, die eine große Affinität zu Sprachen entwickeln, können auch schon früh mit weiteren Fremdsprachen rechnen. Diesbezüglich sind die Lehrer, die Erzieher gefragt, mit ihrer Beobachtungsgabe das entsprechende Potenzial des Kindes aufzudecken und zu fördern.

Mathematisches Material

Nun mag man sich natürlich fragen, wie mathematisches Material mit allen Sinnen erlebt, begriffen und erkundet werden kann. Während diese Frage gestellt wird, zeigen sich vermutlich schon die ersten Lösungsansätze, so kann man die Zahlen etwa aus einem robusten Material fertigen und erfühlen lassen. Wie fühlt sich die geschriebene Zahl an? Numerische Stangen gehören ebenfalls zum regulären Montessori-Material. Sie zeigen dem Kind die Länge der einzelnen Zahlen, geben aber auch die Option, diese zusammenzurechnen. Gerne werden für die Grundausstattung auch die Spindelkästen mit den Zahlenspindeln eingesetzt. Das Kind kann sich wirklich lange damit beschäftigen. Der Zahlenstrahl-Teppich hingegen arbeitet nicht nur mit der Größe der Zahlen, sondern auch mit farblichen Unterschieden. So kann sich die Zahl und die Größe besser einprägen.

Wer gerne eigenes Material fertigen möchte, kann mit wenig Aufwand, aber viel Fantasie die Zahlen in unterschiedlichster Form darstellen und das anfängliche Rechnen auf diese Weise natürlich fördern.

Kosmisches Material

Eine berechtigte Frage – was versteht man unter kosmischem Material? Bedenken wir, bei der kosmischen Erziehung geht es unter anderem um die Position des Menschen im Universum und die Dinge, die es natürlicherweise um sich herum finden kann. Dies wird am besten durch den Jahreskreis der Farben aufgezeigt. Er beginnt mit der Sonne in der Mitte, die darum angeordneten vier Jahreszeiten, die ihrerseits von den zwölf Monaten umrundet werden.

Gerade die Kleinen lieben die biologischen Puzzles, mit denen sie sich wahrlich stundenlang beschäftigen können. Auch ein Globus nach Montessori Art kann den Kindern Aufschluss über die Welt, die Kontinente und die Meere geben.

Das spielerische Heranbringen an die Fragen und Antworten des Universums stehen im Bereich der kosmischen Erziehung im Vordergrund. Grundsätzlich finden wir folgende Teilbereiche in der kosmischen Erziehung vor:

- Biologie
- Erdkunde / Geografie
- Chemie
- Physik
- Geschichte
- Astronomie

In diesem Bereich wird viel mit Puzzeln gearbeitet, sodass sowohl die kleineren, als auch die größeren Kinder mit diesem Material arbeiten können. Es ist anschaulich, handlich und gibt sowohl spielerisch am Anfang, wie auch faktisch korrekt für das fortgeschrittene Kind erste Eindrücke über alle Belange des Kosmos, die das Kind kennen sollte. Planetenkonstellationen, geographische Orientierung, aber auch die ersten Elemente des Periodensystems – alles kindgerecht aufgearbeitet und leicht verständlich. Auf dieser Basis kann man später problemlos anknüpfen und weiter in die Tiefe gehen.

Perlenmaterial

Perlen können sehr vielfältig eingesetzt werden. So können sie für die Motorik und Sensorik auf Fäden gezogen werden. Man kann sie aber auch zum Zählen und Rechnen oder dem Vergleichen von Zahlenlängen auffädeln.

Ob es nun Perlenschnüre, Perlenquadrate, einzelne Perlen mit Steckleiste, Arbeitskarteien zum Thema Perlen und Multiplikation, Zehner-, Hunderter- oder Tausenderketten sind, Perlen und Ketten / Schnüre oder Gitter können wunderbar in den ersten Jahren sowohl zum Zählenlernen als auch für die ersten Rechenaufgaben verwendet werden. Und wer einfach nur gerne mit Perlen bastelt, tut noch etwas Gutes für seine Feinmotorik. Hieran haben nicht nur die Kinder Spaß, denn gerade zu Hause kann dies eine Nachmittag füllende Aufgabe für das Kind und die ganze Familie sein.

Der Begriff „Perlenmaterial" ist eher übergeordnet zu sehen, denn es wird mit Kuben oder Pfeilen gearbeitet. Wichtig ist der Lerninhalt dieses Materialsatzes und die Einfachheit, mit der das Thema erlernt werden kann. Es ist für jedes Kind einfach zu verstehen. Wichtig ist in diesem Punkt, dass dem Kind das eigene Lerntempo gelassen wird. Dann wird es auch die Perlen und später dann die Mathematik, soweit es das eigene Potenzial erlaubt, verstehen.

Die Perlensätze können übrigens auch in Eigeninitiative unendlich erweitert werden.

Weitere Materialien, die nicht gruppiert werden können

Neben den bereits aufgeführten Bereichen gibt es natürlich noch weitere Bereiche und Lerngebiete, die für jedes Kind im Laufe der Jahre wichtig werden. Selbstverständlich ist auch für diese Teilbereiche sinnvolles Material angedacht, aber nicht weiter unterteilt.

- Kunst bzw. künstlerische Gestaltung: bildende, darstellende Kunst, Musik, Literatur
- Werken: Es werden wie üblich möglichst natürliche Materialien verwendet. Das Werken gilt als unterstützend zu den Bereichen Motorik, Sensorik und sozialer Interaktion.
- Handarbeiten: Es wird agiert wie im Bereich Werken.
- Praktisches Leben: Ja, das praktische Leben ist sowieso nicht zu umgehen. Dennoch wird auch in den Einrichtungen, insbesondere den Kinderhäusern / Kindergärten, dieser Bereich nicht ausgelassen. Die Kinder werden angehalten, sich selbst an- und auszuziehen, sich die Zähne zu putzen und zu kämmen. Ebenso werden diverse andere Tätigkeiten des Alltags unterstützt, damit die Fein-, aber auch die Grobmotorik bestmöglich geschult werden, um in jeder Alltagssituation optimal zu reagieren, auf sich zu achten und auch anderen dabei helfen zu können.
- Soziales Lernen: In diesem Bereich entwickelt sich der Sinn für Teamarbeit, Verantwortungsgefühl, Selbstständigkeit und soziale Kompetenz. Ja, entwi-

ckeln, denn diese Fähigkeiten kann man nicht lehren. Allerdings wird hierfür nicht zwangsläufig eigenständiges Material verwendet. Dies ist einer der fachübergreifenden Bereiche. Für die älteren Jahrgänge werden regelmäßige Diskussionstreffen einberufen. Das Interagieren der Kinder aller Jahrgänge miteinander ist für die Kinder ein großer Vorteil.

- Bewegung: Hierzu wird nicht nur die Gymnastik, der morgendliche Dauerlauf in der Einrichtung, auch die alltäglichen Bewegungen, denen wir gar nicht entgehen können, werden in diesen Bereich gezählt. Das Spielen oder Arbeiten im Garten, das Schieben des Einkaufswagens im Supermarkt, das Fahrradfahren zur Einrichtung – all dies sind Bewegungen, die uns und unser tägliches Bewegungsmuster prägen. Für das geschulte Erzieherauge ergeben sich daraus die Bewegungen, die noch fehlen, um den Körper optimal zu stärken und zu unterstützen.

Montessori im Alltag mit Kindern – nützliche Tipps

Es ist eine Sache, in den Montessori-Einrichtungen für ein optimales Umfeld zu sorgen. Doch auch zu Hause, im Alltag, sollten die Grundlage der Montessori-Pädagogik angewandt werden. Hierzu sind einige Umgestaltungsmaßnahmen notwendig. Montessori ist nicht nur ein geistiges System, sondern auch eines, das sich an der Praxis orientiert. Schauen Sie selbst.

Vorbereitete Umgebung schaffen

Stellen wir zunächst einmal fest, dass sich jede Umgebung sowohl positiv als auch negativ auf das Kind einwirken kann. Sowohl das Verhalten als auch die Entwicklung werden davon beeinflusst. Befindet es sich also zum Spielen, zum Entdecken in einer positiven Umgebung, so wird sich diese Erfahrung auch positiv auswirken. Aus diesem Grunde, davon war Montessori überzeugt, dass die Umgebung, in der das Kind lernt, vorbereitet sein sollte. Was soll man nun darunter verstehen?

Vorbereitet kann vieles bedeuten. Jedoch ist eines auf gar keinen Fall – nichts Starres. Vielmehr ist der Raum, in dem gelernt wird, flexibel zu gestalten. Jeden Tag sollten andere Dinge in den Vordergrund gerückt werden. Zudem ist der Entwicklungsstand und ebenso die Bedürfnisse des Kindes zu beachten. Auf diese Weise kann die Entwicklung des Kindes weiter vorangetrieben werden. Es ist richtig, wenn Sie nun vermuten, dass zu diesem Zweck eine gute Beobachtungsgabe notwendig ist. Schließlich verändert sich der Entwicklungsstand des Kindes nahezu täglich.

Nein, es ist kein fließender Vorgang, der jeden Bereich der Kindesentwicklung täglich gleichermaßen betrifft. Manchmal kann es ein großer Entwicklungssprung sein, manchmal ist er kaum bemerkbar. Natürlich ist es für die Eltern aufgrund des elterlichen Auges nicht immer einfach, jeden Fortschritt zu bemerken. Eine Erzieherin, eine Lehrerin ist in ihrer Ausbildung auf eine derartige Beobachtungsweise geschult worden. Trotzdem sollte es die vorbereitete Umgebung nicht nur in der Montessori-Einrichtung geben. Sie ist auch zu Hause ein sehr wirkungsvolles Element.

Zur „vorbereiteten Umgebung" gehören drei Dinge:

1. Der Raum

Kaum einer Familie wird es möglich sein, einen eigenen „Montessori-Raum" im Haus oder in der Wohnung einzurichten. Im Kindergarten, in der Schule werden diese selbstverständlich bestens nach den Richtlinien der Montessori vorbereitet. Zu Hause wird es einige kleine Anpassungen geben müssen, damit wenigstens eine „Montessori-Ecke" entstehen kann. Verwenden Sie eine Garderobe, die kindgerecht ist – das bedeutet auf der optimalen Höhe, damit das Kind sie problemlos erreichen kann. Sie muss nicht perfekt sein, dem Kind aber die Möglichkeit bieten, Jacke und Schuhe nicht nur eigenständig an- und auszuziehen, sondern sie auch adäquat verstauen, also aufhängen und aufstellen kann. Hinzu sollte ein kleiner Spiegel mit Regalablage kommen. So kann es sich anhand seines Spiegelbildes eigenständig frisieren und auch Schmutz aus dem Gesicht entfernen.

Für das Lernmaterial kann im Kinder- oder bspw. Wohnzimmer ein separates Regal aufgestellt werden. Jeder Lernbereich benötigt ein separates Regal bzw. Fach. Eine optische Unterscheidung der Regalbretter kann am besten durch Farbe erreicht werden. Um die gewünschte Ordnung zu erreichen, ist es am besten, die einzelnen Materialien in separaten Kisten unterzubringen. Das Regal sollte großzügig genug konzipiert sein, dass auch Materialien der nächsten Schwierigkeitsstufe, die sich ja nach den Bedürfnissen des Kindes richtet, ausreichend Platz darin finden. Auch in anderen Räumen kann man für die Kinder Montessori-Elemente in die Einrichtung integrieren. Küche – am besten wäre eine kleine Kinderküche oder eine Möglichkeit, dass das Kind problemlos und eigenständig beim Kochen helfen kann. Besorgen Sie kindgerechtes, kleines Geschirr, Schnittbretter, Kochlöffel, Messer, Sparschäler und Ähnliches, damit das Kind jede spezifische Arbeit verrichten kann.

Auch im Bad bedarf es einiger Veränderungen. Ein niedriges Waschbecken, ein kleines Kindertoilettenbecken wäre fantastisch, ist aber nicht überall möglich. Für die Toilette ist eine Leiter möglich, sodass das Kind sicher zur Toilettenbrille aufsteigen kann. Ähnliches ist auch für die Nutzung des Waschbeckens denkbar. Wichtig ist dabei, dass die Trittmöglichkeit sicher ist und eigenständig genutzt werden kann. Handtuch, Waschlappen, Zahnbürste, Bürste usw. – alles sollte eigenständig zur Hand genommen werden können. Es muss den Gegebenheiten entsprechend angepasst werden.

Ordnung sollte grundsätzlich einen hohen Stellenwert erhalten. Montessori ist stets davon ausgegangen, dass äußere Ordnung und Ruhe auch zu innerer Ordnung und Ruhe führt. Entsprechend sollte eine gewisse Grundordnung von allen Beteiligten in der Wohnung erhalten werden, damit das Kind sich nicht nur daran gewöhnen kann, sondern es verinnerlicht. So schön Dekoration auch für das

Auge ist, nutzen Sie lieber ein bisschen weniger. Zu viel Dekoration lenkt vom Wesentlichen ab und schafft Unruhe. Das gilt übrigens auch für die Erwachsenen.

2. Das Material

Das Material, das in der Montessori-Pädagogik verwendet wird, kann eingeteilt werden in Sinnesmaterial, Sprache, Übungen des täglichen Lebens (man kann sie auch als praktische Übungen bezeichnen), kosmische Erziehung und Mathematik.

Das Material ist bei der Montessori-Betrachtungsweise lediglich als „Helfer" anzusehen. Diese Helfer werden benötigt, um dem Kind die Selbstbildung und die Selbsterziehung zu ermöglichen. Auch wenn jedes Material über unterschiedliche Eigenschaften verfügt, wird pro Material nur ein einziges ganz besonders hervorgehoben. Dadurch ist es möglich, die volle Konzentration auf das jeweilige Lernerlebnis, das dieses Material verspricht, zu legen, um den bestmöglichen Lernerfolg zu erhalten.

Ja, das hört sich kompliziert an, ist es aber letztlich gar nicht. Der so gewonnene Lernerfolg ist wesentlich intensiver als mit anderen Methoden. Dies führt dazu, dass weiteres Wissen gewünscht wird. Selbstverständlich ist jedem Material eine Schwierigkeitsabstufung zu eigen.

Die sogenannte Beschäftigungsspanne kann damit bestmöglich ausgereizt werden. Es können beispielsweise Abstufungen, wie groß, größer, am größten gezeigt, Paare gebildet oder Kontraste herauskristallisiert (wie lang – kurz, groß – klein, dick – dünn) werden. Das Kind verwendet das Instrument der Selbstkontrolle, unbewusst natürlich. Dies macht es ihm möglich, unabhängig von den Erwachsenen zum Erfolg, ebenso wie zum Misserfolg zu gelangen, obwohl Misserfolg ein negativ-besetztes Wort ist, das der Entwicklung des Kindes durch diese Erfahrung eigentlich nicht gerecht wird. Ein Misserfolg wird in diesem Kontext nur aufzeigen, dass nicht korrekt gearbeitet wurde. Wird das Material erneut bearbeitet und korrekt vorgegangen, so kommt es automatisch zum korrekten Ergebnis und dem damit verbundenen Lernerfolg.

Da das Kind aufgrund des vorbereiteten Umfeldes Zugriff auf die korrekte Lösung, das richtige Lernerlebnis hat, kann es eigenständig feststellen, ob sein Ergebnis stimmt oder nicht. Tut es das nicht, wird es herausfinden wollen, wo der Fehler liegt, was falsch gelaufen ist. Die kreative Auseinandersetzung mit einem Fehler gehört selbstverständlich auch zum Entwicklungsprozess.

3. Der Lehrer

Hierunter sind grundsätzlich die Personen gemeint, die das Kind betreuen, egal ob Eltern, Erzieher oder Lehrer. Dieser Person kommt eine besonders wichtige Rolle zu, eine die für das entscheidende Vorankommen des kindlichen Entwicklungsstandes verantwortlich ist. Es ist seine Aufgabe, für die optimalen Entwicklungsoptionen des Kindes zu sorgen. Ist das unterstützende Moment vorüber, zieht sich diese Person wieder zurück.

Folgende Aufgaben hat der Lehrer/ die betreuende Person einzunehmen:

A: Die Einnahme der korrekten Haltung dem Kind gegenüber.

Ein Kind wird stets als eigenständige Person anerkannt. Damit genießt es uneingeschränkt den Respekt und die Wertschätzung, die es verdient.

B: Der Raum wird von dem Erwachsenen gestaltet. Weiteres ergibt sich aus dem Punkt „Raum".

C: Es werden Regeln vereinbart, an die sich alle Beteiligten zu halten haben. Hierzu gehört der respektvolle Umgang miteinander, ein sachgerechter, sorgsamer Umgang mit allen zur Verfügung stehenden Materialien, das sorgsame Aufräumen am Ende einer jeden Nutzung des Materials. Hierbei ist nicht nur die Ordnung wichtig, sondern auch das Nutzen des korrekten Platzes für dieses Material.

D: Sorgsames, liebevolles Beobachten des Kindes. Sobald das Kind sicher mit dem Material spielt, kann die Rolle des Betreuers in die eines Beobachters zurückgenommen werden.

E: Die Hilfestellung – sie wird nur dann gegeben, wenn das Kind danach fragt bzw. es ersichtlich ist, dass es ohne einen Anstoß nicht weiterkommt. Für diese Aufgabe ist es wichtig, dass der Lehrer die verschiedenen Möglichkeiten und Eigenschaften des Materials kennt.

F: Wird um Hilfe gebeten, gilt stets das Motto „Hilf mir, es selbst zu tun." Man könnte es auch Hilfe zur Selbsthilfe nennen. Der Betreuer erklärt nur so viel, wie das Kind wissen muss, damit es allein fortfahren kann. Ein sehr schwieriger Punkt für die meisten Eltern, denn sie müssen nicht nur das Kind ausgiebig beobachtet haben, um zu wissen, wann das Kind allein weitermachen kann und es Zeit ist, sich zurückzuziehen. Nein, die Eltern müssen sich auch selbst reflektieren können, damit sie nicht über das Ziel hinausschießen und selbst Hand an das Projekt legen. Nein, es ist nicht Ihre Baustelle. Also übergeben Sie sie wieder an das Kind. Ihm soll geholfen werden, ohne dass es sich hilflos vorkommt. Allerdings ist es nicht immer einfach, als Elternteil diesen Abstand zu bewahren und sich entsprechend zurückzunehmen. Man wächst jedoch mit seinen Aufgaben.

G: Es wird geeignetes Lehrmaterial benötigt, welches zur Verfügung zu stellen ist.

Zum einen sollte es den Bedürfnissen sowie auch dem Entwicklungsstand des Kindes entsprechen, zum anderen soll es das Kind aber auch herausfordern, seinen Horizont zu erweitern und seine persönlichen Grenzen zu überschreiten.

Weniger ist mehr

Man könnte sagen, 5 - 6 Spielzeuge reichen aus, oder nicht? Wir alle kennen das Problem bei „normal-erziehenden“ Eltern. Das Spielzeug wird nach dem Trend oder nach den Ansagen des Kindes gekauft. Die ganze Verwandtschaft scheint in einem Rausch des Spielzeugkaufens zu geraten. Leider bringen diese Mengen an Spielzeug dem Kind überhaupt nichts. Schon oft konnte bemerkt werden, dass die Kinder sich immer wieder mit einer kleinen, aber aus den gleichen Teilen bestehenden Spielzeugmenge beschäftigt. Nicht mehr, aber auch nicht weniger. Man sieht, ein Kind, das sich derart verhält, kann mit großen Spielzeugmengen gar nichts anfangen.

Anderen Kindern geht es ähnlich, wenn sie sich etwa vom Geburtstagsgeld im Spielzeugladen etwas kaufen sollen. Sie wandern stundenlang durch die Gänge und wissen auch nach Stunden immer noch nicht, was sie sich kaufen könnten. Nein, das geschieht nicht, weil sie nichts finden, was ihnen gefällt, was ihnen Spaß machen könnte. Vielmehr gefällt ihnen nichts so sehr, dass sie alles andere dafür stehen ließen. Und genauso geht es ihnen, wenn das Kinderzimmer mit Spielzeug überfüllt ist. Ja, es ist schön, aber die wahren Lieblingsteile bleiben als einzige im steten Gebrauch. Sehr zum Leidwesen der Eltern, die gar nicht verstehen, warum dies so ist. Sie sehen gar nicht, dass das Kind nicht interessiert ist. Vor allem sehen sie nicht, dass es mit seinen drei oder vier Spielsachen vollkommen ausgelastet ist.

Sicherlich kann ab und an der Versuch gewagt werden, ein neues Spielzeug auszuprobieren oder es in das vorangegangene Spiel zu integrieren. Seien Sie aber nicht allzu enttäuscht, wenn dies nicht funktioniert. Kinder können da sehr eigen sein.

An diesem Punkt kann man Sie, die Eltern, um Vertrauen und Geduld bitten. Ja, SIE sind die Ersten, die dem Kind ein Spielzeug geben. Seien Sie aber nicht böse, wenn es Geschenke von Ihnen auch einmal ablehnt. Schließlich muss es dem Kind gefallen. Das bedeutet, es sollte nur Spielzeug besitzen, für das es sich auch tatsächlich interessiert. Richtig, in den ersten Jahren ist dies natürlich nur bedingt möglich. Sie werden jedoch schnell feststellen, dass das Kind nicht jedes noch so gut gemeinte Spielzeug auch nutzen wird.

Lassen Sie ihm die Wahl, solange es klein ist. Vielleicht kristallisiert sich eine bestimmte Richtung heraus. Wo die einen Kinder Kuscheltiere lieben und ein Rollenspiel nach dem anderen durchleben, bevorzugen die anderen Holztiere und Holzfahrzeuge und können sich nichts Besseres vorstellen, als in diesem Rahmen stundenlang zu spielen.

Vergessen Sie beim Spielen eines nicht: Am Ende des Tages wird alles zusammengeräumt und in der entsprechenden Schachtel im Regal verstaut. Warum? Nun, jeder Tag ist anders. Dies kann wortwörtlich bereits mit dem Aufwachen und dem Aufstehen beginnen. Vielleicht ist heute ein ganz anderes Spielzeug, ein ganz anderes Material interessant, oder dem Kind ist überhaupt nicht nach spielen, sondern es möchte etwas malen oder vielleicht auch gerne spazieren gehen. Lassen Sie sich überraschen, was jeder einzelne Tag für Ihr Kind und für Sie selbst bereithält. Denken Sie auch beim Spielen daran, dass Sie nicht der Initiator sind, sondern der unterstützende Mitspieler. Vergessen Sie auch nicht, sich gerne einmal beobachtend zurückzulehnen und dem Kind beim Spielen einfach zuzuschauen.

Nun stellt sich natürlich die Frage, welches Spielzeug denn für kleine Kinder denn überhaupt geeignet ist. Oberste Gesetz sollte hierfür stets sein, dass es sich um natürliche Werkstoffe handelt, die auf kindgerechte Weise gestaltet wurden. Seien wir ehrlich: Das Plastikspielzeug, das wir zuhauf überall zu kaufen bekommen, ist weder ansprechend noch wirklich sinnvoll, um das Leben wortwörtlich zu begreifen. Die Fantasie wird beim Spielen mit diesem Spielzeug sofort in ein Raster gesetzt. Spielt man innerhalb des Rasters, kann sich vielleicht Spaß entwickeln. Will sich die Fantasie entfalten, so ist das Raster schnell zu eng, was entweder dazu führt, dass das Spielzeug nicht mehr interessant ist oder aber umfunktioniert werden muss, wodurch es seine ursprüngliche Bedeutung verliert.

Halten wir uns bei der Auswahl des Spielzeugs einfach an die grundsätzlichen Vorgaben von Montessori: naturbelassen, kindgerecht und nur bedingt veränderlich bzw. mit Vorgaben für das Spiel behaftet.

Neugierde zulassen

Neugierde ist der beste Antrieb, den ein Kind beim Aufwachsen nutzen kann. Tun Sie sich und vor allem dem Kind diesen Riesengefällen und beschneiden Sie die Neugier Ihres Kindes nicht! Sicherlich mag es nicht immer das sein, was SIE, die Eltern, gerne sehen würden. Sicherlich kann es auch schon einmal grenzwertig sein, etwa wenn die Kinder sich im Sommer ein tolles Schlammloch bauen, füllen und sich darin suhlen. Aber glauben Sie es oder auch nicht: Solch eine Erfahrung wird Ihr Kind weder umbringen noch krank werden lassen. Es wird von dem Kind als purer Spaß im Kindesalter abgespeichert. Nun weiß es, wie sich flüssiger und zähflüssiger Matsch anfühlen.

Ob es diese Erfahrung noch einmal machen möchte? Vielleicht. Andere Kinder werden bei diesem Spiel nicht mitmachen wollen, weil ihre Neugierde auf diese Erfahrung nicht groß genug ist. Auch gut. Vielleicht probieren sie dafür aus, welche Konsistenz der Sand benötigt, um die tollsten Sandburgen zu bauen.

Das Schöne an der Neugierde ist ja genau dieser Punkt: Sie wissen vorher nie, was dabei herauskommen wird. Natürlich müssen geringfügige Grenzen, etwa Übergriffigkeit oder Gefährliches, Krankmachendes, unbedingt unterbunden werden. Auch zu diesem Punkt gibt es keine anderen Argumente. Letztlich sollte das Kind den Großteil seiner Ideen umsetzen oder zumindest ausprobieren können, solange keine akute Verletzungsgefahr besteht. Wie soll es sonst später im Leben zurechtkommen, wenn es seine Ideen, gute wie auch schlechte, nicht ausprobieren darf. Denken wir stets daran, dass man durch Erfahrung am besten lernt. Das Kind, das beim Laufen lernen hinfällt, weil es zu schnell ist, wird dies merken und danach nicht mehr fallen. Macht es sich die Hände im Matsch schmutzig, wird es die Finger waschen müssen, bevor es wieder ins Haus kommen darf. Sicher, es sind nur kleine Beispiele, aber zutreffend.

Geben Sie dem Kind die Sicherheit, sich ausprobieren zu können und seiner Neugierde nachgeben zu dürfen, während Sie selbst, in angemessener Entfernung, beobachtend und im Notfall eingreifend parat stehen. Werden Sie um Hilfe gebeten, gilt es, eine gemeinsame Lösung zu finden, um die Neugierde stillen oder das Problem beheben zu können. DAS kriegen Sie hin, nicht wahr?

Gegenseitigen Respekt und Akzeptanz

Respekt und Akzeptanz sind zwei der Grundfesten, die wir in dieser Erziehungsmethode finden. Einerseits geht es hier um den Respekt zwischen dem Kind und dem betreuenden Erwachsenen, andererseits aber ist der Respekt unter den Kindern ebenso wichtig! In diesem Punkt kann man bereits von Anfang an auf einen natürlichen Respekt unter den Menschen, der auch überhaupt nicht in Frage gestellt wird, hinarbeiten.

Vielfach finden es Eltern schwierig, ihren Kindern Akzeptanz beizubringen, gerade wenn sie älter werden und ihren eigenen Kopf entwickeln oder bereits entwickelt haben. Allerdings scheint es sich hierbei um ein Verständnisproblem zu halten. Akzeptanz ist genau genommen eine Folge des Respekts. Haben zwei Menschen, egal ob klein oder groß, Respekt voreinander, werden sie sich stets auf Augenhöhe begegnen und nicht versuchen, eine dominante Rolle einzunehmen. Haben sie diesen Punkt erreicht, können sie die Dinge, die der andere macht, sagt und lebt, akzeptieren, ohne diesen Menschen hinterfragen zu müssen.

Sie wissen, dass er das Richtige tun wird bzw. man bei Bedarf in einem angemessenen Rahmen mit ihm darüber sprechen kann.

Akzeptanz bedeutet nicht automatisch, dass man alles gutheißen muss, was so vor sich geht. Selbstverständlich darf man anderer Meinung sein und wird dennoch die Meinung, die Taten des anderen akzeptieren.

Sie sehen, Respekt und Akzeptanz gehen Hand in Hand und sollten in der Erziehung eines jeden Kindes vorhanden sein, um letztlich zu einem eigenständigen, mitfühlenden und helfenden Menschen werden zu können.

Selbstständigkeit zulassen

Selbstständigkeit ist nicht nur in der Montessori-Erziehung etwas sehr Wichtiges! Soweit es irgend möglich ist, sollten die Kinder eigene Erfahrung machen können. Natürlich – die Mutter, der Vater strecken dem Kind die Hände entgegen, damit es sich beim Laufen lernen festhalten kann. Genauso selbstverständlich lassen wir die kleinen Hände des Kindes aber auch los, damit es bei ausreichender Sicherheit auf den Beinen eigenständig und ohne Unterstützung läuft. Natürlich gehen wir mit Argusaugen weiter dicht beim Kind, um schnell zugreifen zu können, wenn es über seine Füße stolpert. Genau das ist damit gemeint.

Wir können dem Kind viele Dinge eigenständig entdecken lassen. Wissen wir aber, dass es sich um etwas sehr Gefährliches handelt, müssen wir es beiseite nehmen und versuchen zu verdeutlichen, warum diese Erfahrung, diese Tätigkeit genau in diesem Moment nicht ausgeführt / durchgeführt werden kann. Vielleicht ist es etwas, wofür es nur noch ein wenig älter, ein wenig größer werden muss.

Vielleicht ist es aber, wie etwa das Spielen mit einem scharfen Messer, niemals eine gute Idee.

Wie auch immer die Situation sich gestaltet, es ist wichtig, dass das Kind versteht, warum etwas gerade nicht geht bzw. getan werden sollte. Je älter die Kinder werden, desto eher denken sie auch selbst darüber nach, ob eine Gefahr entstehen oder diese Aktion zu einem Desaster werden könnte. Richtig – wieder folgt hier die Bitte, Ihrem Kind zu vertrauen und dennoch sind Sie bis zu einem bestimmten Alter die Augen, das Verständnis und auch das Bauchgefühl des Kindes.

Es ist leider eine unumgängliche, wenn auch für so manches Kind total langweilige Lektion, Gefahren einzuschätzen lernen oder sich an die Grenzen der Eltern zu halten. Und doch kann beides der beste Schutz sein, den man je erhalten wird.

Regeln und Eckpfeiler

Es ist niemals einfach, für ein Kind Regeln aufzustellen. Vor allem deshalb, weil man oftmals gar nicht auf die Idee kommt, dass in einem konkreten Fall überhaupt eine notwendig wäre. Doch Kinder sind nun einmal individuell. Wo das eine einen weiten Bogen herum macht, hüpft das andere mitten rein. Wir Eltern haben es diesbezüglich nicht einfach. Einerseits möchten wir die Kinder weitestgehend allein die Welt erkunden lassen, andererseits aber müssen wir sie vor Schaden, den wir bereits einschätzen können, bewahren.

Was gehört in den Bereich ***Regeln:***

Hier finden wir Alltägliches, wie, um Punkt 18 Uhr Abendessen, vorher Händewaschen und eventuell saubere Kleidung anziehen, Zähne bürsten vor dem Schlafengehen und im Haus nicht schreien. Es handelt sich bei den Regeln um Ansagen, die das Zusammenleben auf einen Nenner bringen und es damit einfacher und zugleich harmonischer machen. Auch kleine Kinder können bereits verstehen, dass es einige Dinge gibt, die ganz einfach so gemacht werden, wie die Eltern es wollen. Irgendwann später werden sie es vielleicht hinterfragen. Vielleicht aber finden sie die vorhandenen Regeln so gut, dass sie sie später in ihre eigene kleine Familie übernehmen. Wir werden es zu sehen bekommen, nicht wahr?

Was gehört in den Bereich ***Eckpfeiler:***
In der Montessori-Pädagogik geht es, wie bereits erwähnt, unter anderem um die Eigenständigkeit des Kindes. Daher kann man nicht zwangsläufig vorhersagen, welche Eckpfeiler tatsächlich benötigt werden. Diverse werden Sie vorsorglich setzen wollen, in der Hoffnung, dass das Kind niemals so weit gehen wird. Andere werden Sie in der Hinterhand behalten, um sie bei Bedarf sofort aus dem Ärmel zaubern zu können.

Tragen Sie die Eckpfeiler nicht auf einem Silbertablett vor sich her. Es ist nicht notwendig, dass das Kind sie zu jedem Zeitpunkt sieht, gewissermaßen als stille Abschreckung. Es genügt, wenn es sich dessen bewusst wird, wenn der Augenblick gekommen ist. Nein, dies bedeutet nicht, dass wir das Kind blind ins offene Messer oder an den Kachelofen laufen lassen. Auf keinen Fall! Die Warnung aber erfolgt erst zeitnah. Kinder vergessen schnell unwichtige und unnötige Ansagen. Die aufmerksamen Eltern sind ohnehin im Moment der Katastrophe, meist schon kurz davor, zur Stelle, instinktiv!

Seien Sie weise mit der Wahl der Regeln und Eckpfeiler! Schließlich wollen Sie dem Kind mit zu vielen Ansagen auch keine Angst vor dem Leben machen, nicht wahr?

Chancen und Risiken

Jede Erziehungsform wird von den Anhängern hoch in den Himmel gehoben, während die Kritiker jede Kleinigkeit an die große Glocke hängen werden, um ein paar schwarze Flecken auf der weißen Weste der unerwünschten Methode zu hinterlassen. Natürlich gibt es für niemanden nur eine einzige perfekte Methode. Für gewöhnlich wird eine präferiert und mit einzelnen Bestandteilen von anderen abgerundet und dennoch ist es sinnvoll für jede einzelne pädagogische Methode, sie auf Herz und Nieren zu durchleuchten, damit man sich keinen falschen Hoffnungen hingibt. Besondere Chancen, die sich aus einer Methode ergeben, nennen wir im weiteren Verlauf „Chancen", besondere Stolpersteine „Risiken".

Chancen

Die meisten Eltern, die sich für die Montessori-Einrichtung entscheiden, tun dies zunächst, um dem Kind gerade in den ersten Schuljahren den relativ monotonen Frontalunterricht zu ersparen. Denn dieser findet so gut wie gar nicht an der Montessori-Einrichtung statt. Jedes Kind profitiert davon, dass sie in der vorbereiteten Umgebung die freie Wahl des Lernbereiches haben. Dies gilt auch für die Zeit, die sie hierfür aufwenden möchten. Sicherlich werden verschiedene Dinge auch im Kinderkreis behandelt.

Für die Erstklässler ist dies eine Atmosphäre, in der sie in ihrem eigenen Tempo in der Schule als Institution ankommen können. Es ist auch ein großer Vorteil, dass, unabhängig von der Altersstufe, dass nicht nur das Interesse des Kindes an jedem einzelnen Tag berücksichtigt wird. Das eigene Lerntempo nutzen zu dürfen, um das angeborene Potenzial nicht nur zu vertiefen, sondern auch zu erweitern. Für die Kindergartenzeit wie auch die ersten zwei Schulklassen ist die Montessori-Pädagogik auf jeden Fall das Beste, was einem Kind passieren kann. Die Grundlagen allen Wissens werden auf spielerische Weise eigenständig erarbeitet. Wer Hilfe benötigt, bekommt sie selbstverständlich.

Ansonsten aber ist es fantastisch mitzuerleben, wie die Kinder die verschiedenen Bereiche eigenständig bearbeiten und sich gegenseitig unterstützen. Diese Lektionen sind gerade am Anfang der Schulzeit extrem wichtig, denn sie bilden die Basis für die weiteren Schuljahre. Eine Basis, die in ihren Grundfesten nur schwer zu erschüttern ist.

Kurz zusammengefasst sind es folgende Punkte, die Eltern dazu bewegen, ihr Kind in eine Montessori-Einrichtung in die Schule zu geben:

- Altersdurchgemischte Klassen
- Freiarbeit
- Offener Unterricht
- Kein fest vorgezeichneter Lehrplan
- Keine festgelegten Stundenpläne
- Kindgerechtes Lernmaterial
- Kindgerechtes Lernumfeld

Es versteht sich von selbst, dass ausreichend Lehrmaterial vorhanden ist, um die Kinder der verschiedenen Altersstufen auf die nächstmögliche der Regelschulen vorzubereiten. So ist es vollkommen normal, dass die Schüler auf den sogenannten MSA, mittlerer Schulabschluss, und die AHR, allgemeine Hochschulreife, vorbereitet werden. Auf den

Erdkinder-Höfen wird zudem auf die FHR, Fachhochschulreife, mit Schwerpunkt Wirtschaft / Ökonomie hingearbeitet. Die Abschlüsse sind gemäß den Richtlinien des entsprechenden Bundeslandes zu absolvieren. Nur selten wird die übliche Schulzeit der Regelschulen von Montessori-Absolventen überschritten.

Es werden also grundsätzlich alle prüfungsrelevanten Unterrichtsfächer angeboten. Dazu gehören neben den verschiedenen Naturwissenschaften und Sport auch Religion, gegebenenfalls Kunst, Musik sowie diverse Sprachangebote.

In allen Altersstufen wird ein besonderes Augenmerk auf das vorbereitete Lernumfeld gelegt. Dies schult nicht nur den Ordnungssinn des Kindes, sondern gibt ihm eine Struktur, die es auch in sein späteres Leben übertragen kann, denn die sogenannte „äußere Ordnung" ist nicht nur für den kindlichen Geist wichtig. Auch als Erwachsener wird von der äußeren Ordnung profitiert. Diese äußere Ordnung beinhaltet auch die Pflege des Lernmaterials sowie des Lernumfeldes.

Wir fassen das äußere Umfeld noch einmal zusammen:

- Hochwertiges Lernmaterial aus natürlichen Werkstoffen
- Eine attraktive, weil ästhetische Lernumgebung
- Lernmaterialien, die stets übersichtlich eingeräumt werden – stets nach dem gleichen Muster
- Kindgerechte Proportionen der Einrichtung zum Schaffen eines Wohlfühlfaktors

All diese Punkte zusammen sind in der Lage ein Umfeld in der Einrichtung zu erschaffen, in dem sich die Kinder wohlfühlen können. In denen es jedem leicht fällt, sich zu entspannen, den Geist zu öffnen und das Wissen, das Begreifen fließen zu lassen.

Vielleicht liegen die **Vorteile** bereits bildlich vor dem inneren Auge und müssen nur noch mit einem Namen benannt werden:

- Altersgerechte Vermittlung der unterschiedlichen Wissensbereiche
- Begabungen und Interessen individuell fördern
- Positive Effekte durch die Gruppendynamik
- Schulung sozialer Kompetenzen
- Freiarbeit / Lernen im individuellen Tempo für bestmögliche Lernerfolge
- Rücksicht / Rücksichtnahme
- Selbstständigkeit mit dem Ziel, organisatorische Fähigkeiten zu entwickeln
- Erbitten, aber auch Annahme von Unterstützung und Informationen (im Sinne von Auskunft) sowohl bei den Mitschülern als auch beim Lehrpersonal
- Selbstgewähltes Lerntempo
- Persönliche Betreuung des einzelnen Schülers

Risiken

Nicht in jeder Region kann die Montessori-Einrichtung bis zum Schulabschluss besucht werden. Um ehrlich zu sein, sind dies die absoluten Ausnahmen. Vorrangig handelt es sich um Kindergärten und Grundschulen oder Schulen bis zur 6. Klassenstufe. Ist dann die Zeit zum Übertritt in die Regelschule gekommen, kann es oftmals zu Problemen kommen, die sich ganz einfach aus den unterschiedlichen Unterrichtsstrukturen ergeben. Allerdings liegt das Problem nicht zwangsläufig in der Problematik des Unterrichtsstils. Vielmehr gibt es regelmäßig Probleme mit den Kindern und der vollkommen ausgerichteten Lebensweise.

Diese soll auf keinen Fall verurteilt werden. Doch lässt sich auf den Regelschulen immer noch ein extremes Konkurrenzverhalten erkennen. Dies ist sicherlich der Vergabe von Noten und anderen Beurteilungen eines jeden Schülers anzukreiden. Für den ehemaligen Montessori-Schüler jedoch wird dieses Verhalten zunächst einmal höchst befremdlich sein. Und dennoch braucht der Montessori-Schüler die Konkurrenz nicht zu fürchten. Für gewöhnlich kann er sich sehr gut mit den Schülern der Regelschule messen.

Ob die Montessori-Schule allerdings für jeden Schüler geeignet ist, kann vorher nicht gesagt werden. Wichtig ist, dass die Eltern voll hinter dieser Erziehungsmethode stehen und ihrem Kind in jeder Minute den Rücken stärken. Zudem gibt es einfach Kinder, die von ihrem Charakter, ihrem angeborenen Potenzial und ihrem Gemüt her nicht ausreichend Eigenständigkeit mitbringen, um sich in diesem Lernumfeld zurechtzufinden. Sicher, Montessori hat gesagt, dass diese Methode für jedes Kind geeignet ist und doch setzt dies voraus, dass für jedes Kind auch ausreichend Zeit zur Verfügung steht, um es eventuell mehr unterstützen zu können, als andere, die schneller, eigenständiger arbeiten. Hier ist es notwendig, ehrlich zu sich selbst und vor allem zu seinem Kind zu sein. Wer merkt, dass dieses System nicht passt, sollte schnell ein Ende finden, um dem Kind nicht viel wertvolle Zeit der Entwicklung innerhalb eines anderen Systems – Regelschule oder andere alternative Schule – zu stehlen.

Der absolute Knackpunkt ist für viele Interessierte aber die Tatsache, dass es sich bei der Montessori-Einrichtung um eine Privatschule handelt. Das bedeutet, dass Schulgelder anfallen, die nicht für jeden finanzierbar sind. Dies ist leider eine Tatsache, der man sich von Anfang bewusst sein muss. Die Kosten laufen vom ersten bis zum letzten Tag, sodass wahrlich eine stattliche Summe im Laufe der Jahre zusammenkommt. Da die Kosten aber nicht verheimlicht werden, ist es selbstverständlich vor einer eventuellen Einschulung möglich, die Gesamtkosten zu berechnen, sodass man auf alle Eventualitäten eingestellt ist.

Damit man sich wirklich sicher ist mit dieser Schulwahl, sollten Probetage / Probewochen vereinbart werden. Nur so können sowohl die Lehrkraft, das Kind als auch die Eltern sehen, inwieweit diese Einrichtung tatsächlich zu dem Kind passt.

Kritik an der Pädagogik

Machen wir uns nichts vor: Jede pädagogische Methode hat ihre Kritiker. Da führt wohl kein Weg daran vorbei. Bevor man sich für eine Erziehungsmethode entscheidet, sollte man sich natürlich auch mit den Kritikpunkten auseinandersetzen. Nur auf diese Weise kann man das System von allen Seiten beleuchten und beurteilen, ob es sich tatsächlich auf die eigene Familie anwenden lässt oder nicht, denn eines muss klipp und klar gesagt werden: Nicht jeder ist für die Montessori-Methode geschaffen.

Viele Eltern probieren es aus, sehen sich dann aber selbst in ihrer eigenen Erziehung gefangen, sodass sie nicht alle Basiselemente, auf die es nun einmal ankommt, mittragen können. Das ist auch nicht zu erwarten. Wichtig ist oftmals, dass man es versucht hat und verschiedene Elemente für sich selbst mitnehmen kann. Wenn zumindest einige Elemente auf fruchtbaren Boden gefallen sind, ist es nicht so schlimm, dass man sich von der Methodik als Ganzes abgewandt hat. Besser, einige elementare Elemente können weiter in die unterschiedlichen Bevölkerungsschichten getragen werden, als das alles, was sich bis dorthin ereignet hat, für die Katz ist.

Auch für die Montessori-Methode ist Kritik ein Anlass, einige Punkte noch einmal zu überdenken und bei Bedarf anzupassen oder aber ganz zu ändern. Dies steht nicht im Widerspruch mit den Gedanken von Maria Montessori. Auch sie war darauf bedacht immer weiterzulernen. Nur die Basis, die darf nicht angerührt werden, denn ohne die Basis der Maria Montessori hättem wir keine Pädagogik nach Montessori.

Und noch eines: Die größten Kritiker sind oftmals gar nicht so darum bemüht, Fehler zu finden. Hier gibt es zwei Sorten Kritiker: Die einen, die das Ganze der Methode nicht verstehen und pauschal aus diesem Grund am Kritisieren sind. Die anderen, die neidisch sind, dass ihnen diese Methodik nicht angeboten wurde, für sich selbst oder die eigenen Kinder. Natürlich „müssen“ sie die Methodik dann schlecht machen.

Haben wir also Mitgefühl mit unseren Kritikern. Sie verstehen es einfach nicht besser.

Soziologische - psychische Auswirkungen

Wie sehen Sie das? Haben Sie manchmal auch das scheinbar unbegründete, aber latent stets vorhandene Gefühl, dass sich unsere Gesellschaft in den Industrieländern ganz schön auf dem Holzweg befindet?

Denken Sie auch manchmal, dass es mit dieser Art der Erziehung und Beschulung unserer Kinder nur noch bergab gehen kann?

Um ehrlich zu sein, werden es weltweit immer mehr Menschen, die diese Ansicht vertreten. Doch einzeln stehen sie meist vor dem Problem, dass sie nicht genug Gehör erhalten, überrannt werden von der noch schlafenden, störrischen Menschenmasse. Schauen wir uns aber genau um, werden wir sehen, dass wir unserem geliebten Planeten gehörig zusetzen. Davon ausgehend, dass es sich bei ihm um einen lebenden Organismus handelt, ist es erbärmlich, was wir, die Menschheit, ihm tagtäglich antun. Und dann werden wir als „frisch gebackene“ Eltern vor ein Erziehungssystem gestellt, das schon seit längerem dem Totalversagen geweiht ist. Wie konnte es so weit kommen?

Nun, das Schulsystem, das bei uns immer noch vorherrscht, wurde ursprünglich für die Kinder von Fabrikarbeitern nach der industriellen Revolution geschaffen. Eng in Reihen beieinandersitzend sollten sie die vom Lehrer vorgetragen Fakten zunächst aufnehmen, um sie später in Prüfungen wiederzugeben. Diese Prüfungen waren zu bestehen, um das Klassenziel zu erreichen. Sicherlich war es gut gemeint, den Kindern das vielfältige Wissen, das die Welt für sie bereithält, vermitteln zu wollen.

Aufgrund der Vielzahl der Kinder war Unterricht zu der damaligen Zeit nicht möglich. Leider hat sich seitdem aber nicht viel geändert. Immer noch wird die Vielzahl der Kinder weltweit im Frontalunterricht mit mehr oder weniger wertvollen Fakten abgefüllt.

Ob diese nun sinnvoll sind oder nicht, ob sie das einzelne Kind auf das Leben vorbereiten, wird von den Menschen, die sich um die Bildungsprogramme kümmern, scheinbar überhaupt nicht hinterfragt. Schon viel zu lange hat man sich auf dieses System verlassen. Nur um langsam in größerem Stil zu begreifen, dass man mit dem althergebrachten System tatsächlich und wortwörtlich verlassen ist.

Was kann getan werden, um diesen Missstand für jeden anwendbar zu beheben?

Nun, Maria Montessori war überzeugt davon, dass jedes Kind von allein Spaß am Lernen hat, solange man es in seinem eigenen Tempo sein eigenes Potenzial ausschöpfen, seinen individuellen Durst nach Wissen stillen lässt. Sicherlich soll es dabei nicht allein gelassen werden. In der Vision von Maria Montessori helfen Kinder aller Altersstufen einander. Ebenso stehen die Lehrer als helfende Beobachter dabei, um bei einer Bitte um Hilfe unterstützend eingreifen zu können. Denn mehr sollen sie nicht tun: Beobachten und bei Bedarf mit dem Kind einen Weg finden, wie es eigenständig die Lösung doch noch herbeischaffen kann. Der zu lernende Stoff ist dabei gleichbleibend.

Dennoch werden die Montessori-Kinder Eigenständigkeit, Verantwortung und gegenseitiges Akzeptieren und Respektieren lernen können. Aspekte, die in heutigen Regelschulen meist viel zu kurz kommen, wenn sie überhaupt angesprochen werden.

Und doch scheint die Gesellschaft der Welt immer noch die konkurrenztreibende Frontaltaktik zu bevorzugen, anstatt das Leben eigenständig, mit eigenen Händen, mit dem eigenen Verstand zu begreifen. Noch immer geht es darum, zu den Besten der Besten zu gehören. Doch, um welchen Preis?

Unsere Kinder verlieren in der heute gängigen Erziehung ihre Kindheit und ihre Jugend. Sicherlich gibt es überall Erzieher und Lehrer, die Elemente aus den Reformschulen einbringen, aber der Großteil der Gesellschaft ist noch nicht bereit, was aber zwingend notwendig wäre, um die Montessori Pädagogik weitreichend einsetzen zu können.

Wie es in der Montessori Pädagogik vorgesehen ist, müssen die Anhänger dieser Methode mit gutem Beispiel vorausgehen. In den vielen berühmten Absolventen von Montessori-Einrichtungen sehen wir, dass unsere heutige Lebensweise nicht zwangsweise auf Konkurrenzdenken und Ellenbogenmentalität aufgebaut sein muss.

Halten wir es mit einem Zitat von Mahatma Ghandi:

„Wollen wir in dieser Welt echten Frieden lehren und einen wahren Krieg gegen den Krieg führen, so müssen wir bei den Kindern beginnen. Wachsen sie in ihrer natürlichen Unschuld auf, ist es nicht mehr nötig zu kämpfen, unsinnige Resolutionen zu verabschieden. Dann wird es notwendig, Liebe und Frieden zu verbreiten, bis auch der letzte Zentimeter der Erde davon bedeckt ist. Denn Liebe und Frieden ist es und wird es immer sein, wonach sich die ganze Welt verzehrt."

Seien wir Vorbilder, denen man mit Freuden folgt und die man gerne kopiert. Ziehen wir Kreise im Wasser, die sich immer und immer weiter ausbreiten. Seien wir, im positiven Sinne, der Rattenfänger von Hameln. Dann klappt es auch mit dem Weltfrieden!

Wissenschaftlich empirische Forschungen

Schon Montessori selbst hat mit der Erhebung wissenschaftlich empirischer Daten begonnen. So sind etwa Studien von ihr erschienen wie:

- Der Einfluss der familiären Verhältnisse auf das intellektuelle Niveau von Schülern – Forschungen zur pädagogischen Hygiene und Anthropologie im Bezug zur Erziehung

Das Werk entstand 1904, ist aber relativ unbekannt, obwohl es sehr interessante Ansätze bietet und die allgemeine, gesellschaftliche Situation dieser Zeit sehr gut darzustellen weiß.

Es darf hinzugefügt werden, dass Montessori zu diesem Zeitpunkt noch stark durch ihre medizinische, wissenschaftliche Orientierung geprägt war. Ihre sozialwissenschaftliche Ausrichtung ist an diesem Punkt aber bereits dabei sich durchzusetzen, denn sie ist unverkennbar.
Montessori konnte feststellen, dass das Umfeld, in das man ohne sein eigenes Zutun hineingeboren wird, einen prägenden Einfluss auf die schulische Laufbahn nimmt. Aus diesem Grund hat sie bereits damals für mehr Bildungsgerechtigkeit geworben. Auch die Lehrerausbildung wurde thematisiert.

In späteren Forschungsergebnissen war erkennbar, dass es nicht nur um das erworbene Umfeld ging, sondern um die Tatsache, dass jedes Kind ein angeborenen Potenzial besitzt. Ein Potenzial, das mit den richtigen Methoden, im richtigen Umfeld bestmöglich gefördert werden kann. Der philosophische Ansatz der kosmischen Erziehung weist jedem Individuum einen konkreten Platz zu, den es innerhalb der Kindheit, der Jugend finden sollte.

Die Diskussionen über die Montessori-Pädagogik sind bis heute nicht abgerissen. Eine große Fülle empirischer Daten ist verfügbar für denjenigen, der sich mit ihnen beschäftigen möchte. So werden etwa die Ergebnisse der jährlichen VERA-Arbeiten der Viertklässler hinzugezogen, um die Effizienz der Montessori-Schulen mit Regelschulen zu vergleichen. Gerade in Bezug auf soziale Brennpunkte konnte den Montessori-Schulen eine überdurchschnittliche Erfolgsquote bescheinigt werden. Und dies in allen überprüften Fächern. Man kann also sagen, dass sich die Montessori-Pädagogik positiv auf das Lernverhalten, auf den Wissensstand der Kinder auswirkt und somit die Erfolge der Regelschulen im gleichen Einzugsbereich übertrifft. Ähnliche Ergebnisse wurden auch mit Hochbegabten und Kindern aus „normalem" Elternhaus gemacht.

Welche Studie man auch heranziehen möchte, von Einzelfällen abgesehen, ist zu vermerken, dass die Kinder der Montessori-Einrichtungen keinesfalls hinter dem Schulstand von Regelschulen hinterherhinken. Sie sind im allgemeinen gleich auf. Im fächerübergreifenden Denken, dem Team- und Sozialverhalten sowie der künstlerischen Gestaltung haben sie die Nase vorn.

Des Weiteren konnte festgehalten werden, dass in den Montessori-Einrichtungen weniger Kinder mit Schulangst, Versagensängsten oder ähnlichen psychischen Problemen zu finden waren. Hier ist deutlich sichtbar, dass die schulische Einrichtung ein Ort ist, an dem sich die Kinder sicher, willkommen und geschätzt fühlen können.

Montessori-Schulen

Die gute Nachricht zuerst: Die Anzahl der Montessori-Schulen in Deutschland nimmt zu, denn die Nachfrage nach Schulunterricht gemäß der Montessori-Methode steigt stetig.

Nun kommt leider auch die schlechte Nachricht: Urheberrechtlich wurde der Name Montessori niemals geschützt. So wird man bei einer entsprechenden Suche zwar eine große Anzahl dieser Schulen vorfinden, ob sie sich aber tatsächlich an die Theorien und Prinzipien der Maria Montessori halten und diese zur Anwendung bringen, wird man nicht unbedingt auf den ersten Blick feststellen können. Im Zweifelsfall müsste hospitiert werden. Ein oder zwei Praxistage können bereits einen guten Einblick geben. Folgende Komponenten sollten bei einer echten Montessori-Schule IMMER vollständig vorkommen:

- Das praktische Verständnis für die Welt wird über greifbare Materialien vermittelt. Selbstständig können die Kinder Entdeckungen / Erfahrungen machen, einfach nur durch das Berühren der schönen und robusten Materialien, die zu diesem Zweck in großer Zahl vorhanden sind.
- Alle Materialien werden den Kindern auf Regalen, optimalerweise auf Höhe der Kinder präsentiert. Damit niemals eines der Stücke fehlt, werden alle Kinder aufgefordert, sie sofort nach Beendigung des Spiels bzw. am Ende der Stunde wieder an den für sie vorgesehenen Platz zu legen.
- Alle Altersgruppen sind gemischt, damit die Älteren den Jüngeren helfen können. Folgende Altersgruppen arbeiten zusammen – Sechs- bis Neunjährige

sowie Neun- bis Zwölfjährige. Es geht um die Vorbildrolle, die sich bei dieser Arbeit ganz automatisch einstellt.

- Die Arbeitszeiten bleiben unstrukturiert. Das bedeutet, dass sich ein Kind für ein Thema entscheidet, mit dem es sich in der nächsten Zeit beschäftigen möchte. Im Idealfall können sie sich auf diese Weise bis zu drei Stunden am Stück befassen.
- Die Kinder arbeiten selbstständig, was zu einer großen Zufriedenheit führt.
- Prüfungen gibt es nur wenige, wenn überhaupt. Es ist die Lehrkraft, die ganz genau weiß, welche Aktivitäten von den Kindern der entsprechenden Altersgruppe beherrscht werden. Ein Test würde der Basis dieser Methode zuwiderhandeln, sie negieren.
- Jede Lehrkraft der Institution hat eine anerkannte Ausbildung der Montessori-Methode absolviert. Insbesondere ist hier die „Association Montessori Internationale“. Diese Institution wurde von der Familie Maria Montessoris eingerichtet, damit die Integrität der Kurse erhalten bliebe.
- Jede Lehrkraft wendet sich in einer respektvollen, führenden Art an die Kinder. Sie hält sie dazu an, die Antworten, die sie suchen, selbst zu finden: „Ich weiß es nicht. Lass‘ es uns herausfinden.“
- Das natürliche Lernen hat stets Vorrang vor dem herkömmlichen Lernen, dem Präsenzunterricht. Die Kinder finden selbst heraus, was sie wissen müssen. Sie erkunden, entdecken und eignen sich das Wissen eigenständig an. Der Lehrer ist zur Unterstützung anwesend, sagt ihnen aber nicht, was sie zu lernen haben.

- Jedes Kind wird in dieser Schule als einzigartiges Individuum betrachtet, ebenso alle Aspekte seiner ganz persönlichen Entwicklung – körperlich, sprachlich, kognitiv, emotional und sozial.

Ist das was für mein Kind?

Was sich in der Theorie fantastisch anhört, ist bei Weitem nicht für jedes Kind geeignet. Es ist verständlich, wenn man nach einer Alternative zu den Regelschulen sucht, denn diese engen ein, beschneiden die Selbstständigkeit des Kindes und machen aus ihm einen Wissens-Müll-Schlucker, der nicht weiß, was er mit diesem Wissen anfangen soll. Doch bringen viele Kritiker vor, dass die Montessori-Schule bzw. ihr Konzept über 100 Jahre alt ist und somit ja scheinbar auch nicht das Gelbe vom Ei sein könne. Aber irgendetwas Gutes, Faszinierendes, in den Bann Ziehendes muss diese Schulform ja haben. Wie könnte man sich sonst erklären, dass überall in der Welt Montessori-Schule förmlich über Nacht aus dem Boden wachsen? Sie haben mittlerweile sogar die Zahl der Waldorfschulen eingeholt. Selbiges gilt übrigens auch für Kitas, die nach der Montessori-Methode arbeiten.

Doch gibt es nicht nur reine Montessori-Schulen. Immer mehr Regelschulen, insbesondere im Bereich der Grundschulen, übernehmen mehr und mehr Aspekte der Montessori-Methode in ihre ganz individuelle Schulpolitik auf. Dies ist im Schulalltag SOFORT spürbar.

[Ein Beispiel: In der Regelschule sind die Türen der Klassenräume im Normalfall geschlossen. In der kleinen, dörflichen Grundschule, die meine Kinder besuchten, waren (fast) immer ALLE Klassen zum Flur hin geöffnet. Und es war auf dem Flur stets leise! Man hätte den Eindruck bekommen können, dass niemand im Hause wäre. Schaute man in einen Klassenraum, steckte man mit dem Kopf mitten im Unterricht. Im ersten Moment war dies ein sehr merkwürdiges Ereignis. Doch wenn erst einmal die eigenen Kinder in diesen ruhigen Gruppen ihren Unterricht absolvierten, war man sogar stolz darauf. Der Lärmpegel erhöhte sich auch nicht sonderlich, wenn ein Teil der Kinder durch die Schule strömte, um sich einen anderen Platz zum Lernen zu suchen. Genial! Und das ist nur eines von vielen Beispielen, wie Aspekte der Montessori-Pädagogik in Regelschulen Einzug halten können.]

Und dennoch steht in Regelschulen immer ein Problem im Vordergrund – gibt diese Schule meinem Kind ausreichend Freiraum, um sich individuell und eigenständig zu entwickeln, ohne auf die Unterstützung aus dem Hintergrund, still und unauffällig, wie es für die Montessori-Methode so bekannt ist, verzichten zu müssen. Kann diese Schule mein Kind individuell so fördern und fordern, wie dies es braucht?

Sicherlich ist es für viele Eltern die einfachste Option, das Kind auf die Schule, die am nächsten gelegen ist bzw. in deren Einzugsbereich man nun einmal von Amtswegen gehört. Hier stimmt die Infrastruktur, denn zu diesen Schulen fahren für gewöhnlich Schulbusse oder sie sind zu Fuß bzw. mit dem Fahrrad erreichbar.

Wie ist es hier mit der Montessori-Schule? Selten hat man das Glück, in der direkten Nähe zu wohnen. Wo liegt überhaupt die nächste Montessori-Schule? Kann man seinem Kind einen längeren Anfahrtsweg zu dieser Schule tatsächlich zumuten? Diese und andere Fragen gilt es zu beantworten, wenn sich die Lieblingsschule der Eltern nicht im direkten Einzugsbereich befindet. Auch wenn all diese Fragen für die Eltern problemlos mit einem JA zu beantworten wären, sollte das Kind auf jeden Fall ein Mitspracherecht bekommen. Warum? Nun, einmal entspricht es der Montessori-Mentalität, dass das Kind die eigenen Erfahrungen machen darf. Zum anderen aber, und dieser Punkt ist extrem wichtig, darf nicht vergessen werden, dass die Sozialkontakte nach der Schule sich wesentlich schwieriger gestalten, wenn der Anfahrtsweg sehr lang ist.

Zudem muss natürlich auch das Alter des Kindes Beachtung finden. Nicht alle Eltern können sich als Chauffeur des Kindes ausweisen und es tagtäglich quer durchs Land fahren. Und über den dabei entstehenden CO_2-Fußabdruck wollen wir natürlich lieber nicht sprechen, richtig?

Und nun die Preisfrage: Ist dieses Lehrkonzept wirklich das Richtige für das Kind?

Bei weitem kommt nicht jedes Kind mit diesem Konzept klar. Es gibt auch noch andere pädagogische Ansätze, die mit dem der Regelschulen nicht einhergehen, nehmen wir hier einmal die Waldorfschulen oder die demokratischen Schulen. Genau genommen muss die Schule auch, aber nicht nur, zu den Eltern passen.

Es ist ihr Erziehungsstil, der das Kind bis zum Tag der Einschulung geprägt hat. Sollte man in diesem Punkt konträr gehen, bringt der ganze Wunsch nach Montessori-Pädagogik überhaupt nichts. Dann passt es nicht. Ist man diesbezüglich aber auf einer Wellenlänge, so sollte man im besten Fall die Chance am Schopfe packen und sein Glück an der Montessori-Schule versuchen. Am besten wird auf jeden Fall ein Probetag oder auch zwei vereinbart, damit das Kind die Schule ein kleines bisschen kennenlernen kann.

Grundsätzlich sollte das Kind einen Hang zur Selbstständigkeit haben. Vielleicht haben die Eltern es zu Hause auch mittels der Montessori-Methode versucht. Sie sollten weltoffen sein und willens, alles entdecken zu wollen. Man muss sie zu nichts auffordern. Meist haben sie bereits ihre eigenen Ideen, wenn Klassenkameraden die Aufgabe noch nicht einmal korrekt durchgelesen haben. Nein, Schnelldenker müssen sie nicht unbedingt sein, doch sie haben eine gewisse Verbissenheit, den Dingen auf den Grund gehen zu wollen und sie hassen nichts mehr als einen Erwachsenen, der ihnen versucht, seine Weltanschauung durchzusetzen.

Kommt Ihnen das bekannt vor?

Die Kinder, denen eine Montessori-Schule als beste Option bereitsteht, sind kleine Entdecker. Sie wollen alles wissen, was die Welt zu bieten hat. Und das Ganze wollen sie aus eigener Kraft, aus eigenem Antrieb erlangen. Sie lieben es, wenn die Lehrer als „Helfershelfer" an ihrer Seite stehen, sich aus dem eigentlichen Lerngeschehen aber heraushalten.

Es ist nicht einfach, das „passende" Kind für diese Schulform zu finden. Wenn wir es nämlich ganz genau nehmen, sind bei der Geburt alle Kinder gleich, was den Entdeckerdrang, den Wunsch nach Lernen und Wissen anbelangt. Allerdings ist es eine Angelegenheit des Elternhauses und somit der Erziehung, wie damit umgegangen wird bzw. wie sich dieser Drang erhalten lässt, sodass das Kind gewissermaßen vorbelastet in den Kindergarten und später in die Schule kommt. Wurde dieses typisch kindliche Verhalten bis zu diesem Zeitpunkt bereits in ein Raster gebracht oder in anderer Weise reglementiert, ist es kein Wunder, dass das Kind jemanden benötigt, der ihm sagt, wo es lang geht. Einige haben es einfach, sich diese Verhaltensweise schnell wieder „abzugewöhnen". Andere hingegen sind zu diesem

Zeitpunkt bereits derart auf die Vorstellungen und Erwartungen anderer Menschen gedrillt, dass sie sich nur schwer oder gar nicht einfügen können. Sehr bedauerlich!

Problemfall Eltern:
Nicht alle Eltern ertragen es, dass keine Lernnachweise geschrieben werden oder kein konkreter Stundenplan vorhanden ist. Für sie kann sich dieser Zustand zu einer Zerreißprobe entwickeln. Nur wenige Informationen aus der Schule im Allgemeinen und den Entwicklungs- und Wissensstand des Kindes im Besonderen zu erhalten, ist für sie pur Blasphemie. Selbst wenn es sich bei der Montessori-Schule um die handelt, die das Kind jemals besucht hat, werden sich diese Eltern dort nicht wohlfühlen und vermutlich früher oder später einen Schulwechsel inszenieren.

Problemfall Lehrer:
Richtig, jeder Lehrer ist bemüht, die Kinder bestmöglich gemäß den Vorgaben der Schule zu betreuen. Doch sind, ähnlich den Eltern, auch nicht alle Lehrer Montessori-tauglich. Dies ist jedoch absolut notwendig, um die Grundlagen einzuhalten und den beobachtenden, anleitenden, aber nicht dominanten Part übernehmen zu können.

FAZIT:

Die Montessori-Schule könnte für jedes Kind der richtige Ort zum Lernen sein. Entscheidend ist das Potenzial des Kindes und der bisherige Erziehungsstil im Elternhaus sowie die Offenheit der Eltern zu exakt dem Einschulungszeitpunkt. Allerdings, das muss einfach erwähnt werden, ist es nicht immer einfach, eine **echte** Montessori-Schule zu finden. Dafür aber finden sich immer mehr Schulen, die Teile dieser Philosophie in ihrem Schulalltag umsetzen.

Grundprinzipien der Montessori-Pädagogik

Die freie Wahl der Arbeit:

Wir alle kennen diese Ansage des Lehrers: „Wir malen jetzt alle eine Blume und einen Baum.“ Diese Ansage wird es in der Montessori-Schule niemals geben. Jeder kann sich selbst aussuchen, womit er sich in genau dieser Stunde beschäftigen möchte. Auf diese Weise kann jedes Kind nicht nur in seinem eigenen Tempo arbeiten. Ebenso wichtig ist, dass es sich die Thematik, derer es sich annehmen möchte, eigenständig bestimmt werden kann. Es konnte festgestellt werden, dass so weniger Unruhe im Klassenraum zu verzeichnen ist, denn durch die freie Wahl der Aufgabe liegt ein echtes Interesse vor, was sich in konzentrierter Arbeitsweise darstellt.

Eine vorbereitete Umgebung für das Lernen:

Um eine freie Entscheidung herbeiführen zu können, ist es notwendig, dass die Arbeitsräume stets mit allem ausgestattet sind, was es zur Bearbeitung aller Themenbereiche bedarf. Nein, überladen sind die Klassenräume nicht. Schließlich hat jedes Teil seinen angestammten Platz, an den es nach der Nutzung durch einen Schüler wieder zurückgestellt wird. Eine Ordnung, die strikt durch die Kinder eingehalten wird.

Unterstützung, um die Lösung selbst finden zu können:

Um diesen Punkt zu verstehen, müssen wir von Maria Montessori direkt zitieren.

„Zeige mir, wie es geht.", „Hilf mir, es selbst zu tun.", „Ich kann und will es allein tun.", „Tu es nicht für mich!", „Hab Geduld, meine eigenen Wege zu begreifen, auch wenn sie vielleicht länger sind.", „Vielleicht brauche ich länger, denn ich möchte mehrere Versuche durchlaufen.", „Mute mir Fehler zu. Das kann ich ertragen. Aus ihnen kann ich lernen."

All diese Punkte sind dem Zentrum der Montessori-Arbeit entnommen, denn die Kinder brauchen Ermutigung, um aus eigenen Kräften, ihrem Können, Wissen und Potenzial entsprechend Aufgaben nicht nur auszuwählen, sondern sie auch erfolgreich zu erledigen. Selbstverständlich werden sie dafür oftmals viel Zeit benötigen. Dies wird nicht nur den Kleineren so ergehen. Die Aufgabe des Erziehers ist eher das beobachtende Element. Bemerkt er, dass ein Kind eigenständig nicht weiterkommt, gesellt er sich mit einem Lösungsansatz hinzu, um das Kind sofort wieder mit der Aufgabe allein zu lassen – beobachtend natürlich. Sicherlich kommt es hierbei oft zu Lösungsansätzen, an die wir Erwachsenen nicht einmal denken würden. So lernen die Kinder, dass sie nicht nur lernfähig, sondern auch wirkmächtig sind. Sie lernen, dem eigenen Können, Wissen und auch ihrem Instinkt, ihren Fähigkeiten zu Vertrauen.

Übungen für den Alltag:

Keine Frage, ohne Toben, Klettern, Spielen, Lachen und Kräftemessen wäre ein Schulalltag nicht ausgeglichen. Alle Kinder benötigen diese Form der Bewegung. Allerdings benötigen sie auch Übungen für den Alltag, um die praktischen Seiten des Lebens lernen zu können. So ist es wichtig, dass sie Gelegenheit bekommen, sich selbst anzuziehen, die

Schuhbänder zu schnüren, das Brot zu schmieren, sich ein (kaltes) Getränk einzugießen, wenn möglich in ein echtes Glas. Diese Aufgaben werden sich mit zunehmendem Alter steigern. Dabei könnte es sich um das Auf- und Abdecken des Tisches handeln oder das Fegen des Zimmers. Ebenso gehören soziale Gepflogenheiten in diesen Bereich, angefangen mit dem Begrüßen anderer Personen jeden Alters, das Bitten um Hilfe, aber auch anderen Personen zu helfen, wenn man darum gebeten wird. Auch das Lösen von Konflikten fällt in diesen Bereich.

Der absorbierende Geist als Zentrum des Lernens:

Maria Montessori ging davon aus, dass ein Kind bis zum Ende seines 6. Lebensjahres einerseits seine Umgebung, andererseits ganz besonders das, was die Menschen in seinem Umfeld machen, wie ein Schwamm aufsaugt. Man könnte auch sagen, es absorbiert die Umwelt und alle Aktivitäten in seiner Umgebung. Dabei wird weder hinterfragt noch bewertet, nur registriert. Es gibt kein wichtig oder unwichtig. Vollkommen mühelos können die Kinder aufgrund des absorbierenden Geistes lernen. Das geschieht gewissermaßen nebenbei. Leider bedeutet es aber auch, dass es Dinge sieht und nachmachen würde, die es auf keinen Fall kopieren sollte, wie etwa die Marmelade vom Messer ablecken. Dies ist einer der vielen Gründe, warum Eltern, Erzieher, Lehrer und Erwachsene, aber auch ältere Kinder grundsätzlich mit dem guten Vorsatz zu Kindern gehen sollten, diesem ein gutes Vorbild zu präsentieren.

Montessori-Materialien:

In einer „echten" Montessori-Einrichtung wird es in den vorbereiteten Regalen Montessori-Materialien für die Kinder geben. Diese sind von Maria Montessori entworfen bzw. zusammengestellt und als pädagogisch wertvoll gekennzeichnet. Was aber zeichnet sie aus? Zum einen beschäftigen die Kinder sich gerne mit diesen Materialien. Zum anderen können sie sich damit auch allein beschäftigen. Wichtig ist, dass ihnen eine Fehlerkontrolle zur Verfügung steht. Selbstkontrolle und -korrektur spielen eine große Rolle.

Kosmische Erziehung:

Was haben wir darunter zu verstehen? So früh wie möglich wird begonnen, globale Zusammenhänge sowie auch natürliche Gesetzmäßigkeiten nicht nur zu verstehen, sondern sie auch zu verknüpfen. Ziel ist es, dass sie in die Lage versetzt werden, ihr Handeln, ihr Tun zu reflektieren und dabei auch die Folgen im Blick zu behalten. So entsteht verantwortungsvolles Handeln. So ist es möglich, den eigenen Platz im Leben zu finden, denn die Vorstellung Montessoris des Begriffs „Kosmos" beinhaltet einerseits die Beziehungen der Menschen untereinander, als auch die Beziehungen zwischen Mensch und Natur.

Die wichtige Rolle des Erziehers

Die Entwicklung des Kindes zur Selbstständigkeit und Eigenverantwortung steht mit an oberster Stelle der Montessori-Methode. Jedes Kind entscheidet selbst, womit es sich beschäftigt und wie lange diesem Thema seine Aufmerksamkeit gelten soll. Doch werden sie in der Selbstständigkeit gefordert, sodass sie lernen, eigenverantwortliche Entscheidungen zu treffen. Um dies bestmöglich umsetzen zu können, stehen ihnen die Erzieher als Beobachter, aber auch Lösungshelfer zur Seite. Sie bieten dem Kind die Hilfe zur Selbsthilfe an. Montessori-Erzieher vereinen demnach zwei Ausbildungen: die klassische Erzieher- / Lehrerausbildung sowie die spezielle Montessori-Ausbildung mit all seinen besonderen Anforderungen.

Kosmische Erziehung an der Montessori-Schule

Die kosmische Erziehung nach Montessori hat der ganzen Methode bereits den einen oder anderen Spottnamen eingebracht. Dabei ist es gar nicht so schwer die Begrifflichkeit der „Kosmischen Erziehung“ zu verstehen. Maria Montessori fand es notwendig, dass die Kinder so früh wie möglich die Gesetzmäßigkeiten der Natur sowie auch die globalen Zusammenhänge verstehen lernen sollten. Selbstverständlich soll dies in kindgerechten Schritten sowie einem kindgerechten Tempo vorgenommen werden.

Dies geschieht natürlich nicht, ohne ein konkretes Ziel vor Augen zu haben – die Fähigkeit, das eigene Tun zu reflektieren und auch die Folgen in diese Reflexion einzubeziehen. Dies ist nicht möglich, wenn man aus vielen verschiedenen Bereichen unabhängig voneinander Wissen

„vorgekaut" bekommt und dies lediglich „wiederkäuen" muss, um eine gute Schulnote zu bekommen. Für Maria war die Reflexion wichtig, denn sie setzt ein verantwortungsvolles Handeln in jeder Lebenslage voraus.

Als Ergebnis steht der eigene Platz, den man sich in dieser Welt erarbeitet hat. Als Kosmos hat Maria in diesem Zusammenhang die Wechselbeziehungen aller Menschen miteinander, jedes einzelnen Menschen bzw. aller Menschen mit der Natur bezeichnet. Und schon sehen wir, dass die Bezeichnung der „Kosmischen Erziehung" gar nicht so weit hergeholt ist. Vielmehr werden wir als Teil des Ganzen angesehen. Wir sind „nur" ein Stein in der großen Kieskuhle des Lebens, eben wie alle anderen auch. Und deshalb stehen wir mit jedem einzelnen Kiesel dieser Kieskuhle in Verbindung. Irgendwie logisch, oder?

Wie wird nun die kosmische Erziehung im Montessori-Konzept angewandt?

Die kosmische Erziehung ist ein Grundpfeiler der Montessori-Schule und daher absolut nicht aus diesen Räumen fortzudenken. Für Maria Montessori war das Lernen etwas Ganzheitliches. Das Lernen, bunt zusammengewürfelt aus diversen Lernbereichen, eingetrichtert und wiedergekäut, wie wir es in den meisten Schulsystemen vorfinden, machte für sie absolut keinen Sinn.

Sie war der Meinung, dass während des Lernens die Zusammenhänge der verschiedenen Bereiche nicht nur aufgedeckt, sondern aktiv miteinander verknüpft werden sollten, da dies die einzige Vorgehensweise ist, die das große Ganze beim Lernen einzeln verdeutlicht und wieder zusammensetzt. Ohne das Verständnis für die Wechselbeziehungen zwischen Mensch und Natur, Natur und Kosmos kann kein akzeptables Ergebnis, nämlich der in seine Umwelt, in den Kosmos integrierte Mensch, zustande kommen.

Erst wenn ein Kind im Laufe seiner schulischen Ausbildung ein Gefühl dafür bekommt, wo sein ganz persönlicher Platz ist, kann es der Gesellschaft, dem Kosmos als ganzheitliches Individuum dienen. Hat es seinen Platz gefunden, kann es die volle Verantwortung übernehmen, die darauf lastet. Dabei wird ein großes Augenmerk auf das menschliche Verstehen sowie die Solidarität untereinandergelegt. Laut Montessori haben diese beiden Komponenten bereits zu ihrer Lebenszeit gefehlt. Wenn wir ehrlich sind: Sie fehlen immer noch. Allerdings dürfen sie nicht auf einer falsch verstandenen Solidarität basieren, die wir in der heutigen Zeit auch regelmäßig sehen.

Solidarität bedeutet also nicht, andere teilhaben zu lassen und dadurch die Bedingungen für alle zu verschlechtern. Vielmehr bedeutet es für alle möglichst gleiche Bedingungen zu schaffen, sodass jeder aus eigener Kraft, mit seinem eigenen Potenzial zu einem bedeutenden, geachteten Baustein der Gesellschaft werden kann. Diese Solidarität zu erreichen ist eine Aufgabe, die uns zurzeit noch schwerfällt.

Halten wir aber unentwegt an ihr fest, werden sich die Kreise des Steines, der ins Wasser geworfen wurde, immer weiter ausbreiten und irgendwann die ganze Wasseroberfläche einnehmen. Es wird noch ein wenig dauern, bis es so weit ist. Aber es wird so weit kommen.

Die verschiedenen Unterrichtsformen

Natürlich stellt sich nun immer noch die Frage, wie sich der Unterricht an einer Montessori-Schule von der einer Regelschule unterscheidet.

Wie wir bereits festgestellt haben, handelt es sich bei einer Regelschule überwiegend um den sogenannten Frontalunterricht. Sicherlich wird er an vielen Schulen bereits mit unterschiedlichen Elementen aus den Waldorfschulen, den Montessori-Schulen sowie den demokratischen Schulen kombiniert. Und dennoch kann man davon ausgehen, dass auf den meisten Regelschulen, die Kinder in einer zur Tafel ausgerichteten Sitzordnung nach vorne zur selbigen schauen, um dem Lehrer und seinen Ausführungen stundenlang zu folgen. Kein Wunder, dass manch einer einschläft, sich davonträumt oder aufgrund von gähnender Langeweile einfach Unsinn macht.

Nein, so schlimm ist es nun auch nicht. Denn viele Schüler sind bereits durch ihre Erziehung auf diese Art des Unterrichts vorbereitet. Sie kennen es nicht anders. Diese Form des Unterrichts ist geprägt von Zuhören, Aufschreiben, Wiederholen und Rezitieren, Einzel- und Gruppenarbeiten, Referaten. Leider ist in all dem kaum eine individuelle Lernerfahrung möglich.

Hier gibt es konkrete Arbeitsaufträge, die von allen Kindern des Klassenverbandes gleichermaßen zu erledigen sind. Ohne die Ansagen des Lehrers passiert im Frontalunterricht gar nichts. Große Klassenverbände sind nur bedingt ein Problem. Solange sie sich leise verhalten, können alle dem Unterrichtsinhalt folgen.

In Zeiten des Lehrermangels mag man diese Unterrichtsform immer noch für richtig halten. Man hat ja keine Option, etwas Neues auszuprobieren, nicht wahr? Bei dieser Unterrichtsform finden wir auch eine konsequente Notenvergabe. Die mündliche Beteiligung am Unterricht wird ebenso benotet wie Lernnachweise, Sonderaufgaben wie Referate und Ähnliches. Da stellt sich doch gleich die Frage, wie Kinder mit Prüfungsängsten oder anderen Problemen dieser Art des Leistungsnachweises auf einen grünen Zweig kommen sollen.

Sicherlich ist es wichtig anzumerken, dass in den Grundschulklassen oftmals schon befreiende Elemente wie die Freiarbeit, vermehrt Unterricht im Sitzkreis oder Ähnlichem stattfinden. Dies lockert nicht nur die Atmosphäre auf, sondern gibt den Kindern auch die Möglichkeit der eigenständigen Erfahrungen. Leider wird trotzdem noch vorwiegend auf den Lehrer an der Tafel verwiesen. Zudem ist auch bereits in den unteren Klassenstufen viel Auswendiglernen und das Beharren auf die einzelnen Fächer vorzufinden. Fächerübergreifender Unterricht wird leider noch viel zu selten umgesetzt.

Kinder, die es gewohnt sind, nur mit einer ausschweifenden Anleitung zu arbeiten, werden sich in den Regelschulen gut zurechtfinden. Für sie ist stupides Auswendiglernen und Rezitieren überhaupt kein Problem. Sie gehen tatsächlich davon aus, dass auch dieser Weg zu eigenständigem Lernen führt. Er kann es. Aber die Erfolge der Regelschulen zeigen uns eigentlich etwas anderes.

In der Montessori-Schule besteht bereits deutlich sichtbar in der Tatsache, dass es keinen Stundenplan gibt, wie wir ihn von Regelschulen kennen. Kein Wunder, jedes Kind geht schließlich dem nach, was es sich für diese Unterrichtsstunde ausgesucht hat.

Natürlich müssen auch Kinder der Montessori-Schule einem Lehrplan im weitesten Sinne folgen, doch findet der Unterricht nun einmal in anderer Form statt, sodass zwar am Ende eines Schuljahres alle Kinder einer Klassenstufe wieder auf demselben Wissensstand sind. Es wird jedoch nicht darauf gepocht. Einige Kinder sind vielleicht in einigen Fächern weiter als andere, die dafür in anderen Bereich vorneweg marschieren.

In Tabellen werden die Fortschritte, die Fähigkeiten der einzelnen Kinder festgehalten, sodass man auch in dieser Unterrichtsform den Fortschritt eines jeden Kindes konkret verfolgen kann. Im Unterricht selbst suchen sich die Kinder aus, welchen Themenbereich sie bearbeiten möchten und wie viel Zeit sie diesem Thema am jeweiligen Tag einräumen möchten.

So können sie ihren Jahresplan in ihrem eigenen Tempo durcharbeiten und sich der Unterstützung des Lehrers gewiss sein. Aufgrund des tabellarischen Festhaltens der Fortschritte sind Lernnachweise, eine permanente mündliche Mitarbeit und ein sorgfältiges Führen der Mappen nicht zwangsläufig notwendig. Zensuren gibt es zumindest bis zum Ende der 6. Klasse auf gar keinen Fall. In Vorbereitung auf die späteren Abschlüsse kann dies aber bereits in der 6. Klasse durchgeführt werden.

Ist diese Schulform einfach? Ja und nein – es kommt unter anderem darauf an, wie Montessori-konform die einzelnen Lehrer den Unterricht umsetzen. Es ist aber auch von den Kindern abhängig. Nicht jedes Kind, das in einer Montessori-Einrichtung zu finden ist, sollte auch tatsächlich dort sein.

Wie stehen die Eltern hinter dieser Schulwahl? Wollen es beide Elternteile oder hat einer nachgegeben und ist eigentlich nicht überzeugt?

Grundsätzlich ist das Lernen an der Montessori-Einrichtung leicht, solange jedes Kind das eigene Tempo einhalten kann. Wird dieser Punkt gestört, kann es schon zu Zurückbleibern, aber auch Voranpreschern kommen. Ganz klar. Kinder aber, die wirklich dorthin gehören, werden aufblühen wie ein Lotus und ihr Licht strahlen lassen, denn sie können gar nicht anders, als das sein, was sie nun einmal von Geburt an sind.

Lehrplan

Würden wir den Lehrplan der Montessori -Schule zerpflücken, würden wir feststellen, dass genau die gleichen Themen auf der Agenda stehen, die wir in den Grundschulen der Regelschulen auch finden. Nur gibt es einen Unterschied: Die Fächer werden nicht als solche deklariert. Da nicht nur fach-, sondern auch altersstufenübergreifend unterrichtet wird, wird darauf geachtet, dass das Lernziel der Grundschule, wie es von den Bildungsministerien angefordert wird, erreicht wird.

Ob die Fächer auch tatsächlich altersentsprechend durchgearbeitet werden, ist im System der Montessori nicht entscheidend, denn hier geht es ja, wie wir uns erinnern wollen, um das individuelle Lerntempo, gepaart mit den persönlichen Interessen in Bezug auf die Themenbereiche. Sicherlich müssen sie alle irgendwann bearbeitet werden. Das verstehen die Kinder auch, doch sind sie dankbar über die individuelle Reihenfolge, die ihnen genehmigt wird.

Es konnte festgestellt werden, dass das Angebot im Montessori Lehrplan weit über die regulären Anforderungen hinausgeht. Sie sind nicht nur in der Gesamtzahl überlegen, es konnte auch belegt werden, dass viele Anforderungen aufgrund der freiwilligen Basis viel früher zum Tragen kommen.

So werden erste Einheiten des Bruchrechnens bereits in der ersten Klasse durchgenommen. In der Regelschule wäre dies undenkbar. Dass dies möglich ist, dafür sorgt das vorbereitete Klassenzimmer, die vorbereitete Umgebung. Ohne sie wären viele Dinge nicht so einfach und könnten von den Kindern nicht problemlos, eins zu eins übernommen werden.

Besonderheiten

Die Montessori-Schulen fallen mit Besonderheiten auf, die in einer Regelschule nicht einfach oder gar nicht umsetzbar wären. Hier sollte an dieser Stelle fairerweise erwähnt werden, dass die eine oder andere Komponente bereits Einzug in die Regelschulen gehalten hat und zu einem festen Bestandteil wurde.

- Es handelt sich um eine Privatschule. Daher ist das Schulgeld von den Eltern zu tragen. Ein Anspruch auf Unterstützung durch das zuständige Amt gibt es nicht. Allerdings kann sie unter Umständen, die individuell abgeklärt werden müssen, zumindest anteilig übernommen werden. Wer nicht fragt, der nicht gewinnt.
- Bis zum Ende der Grundschule bzw. zum Ende der vierten Klasse werden keine Noten vergeben. Es

gibt keine Beurteilungen oder etwas anderes Vergleichbares. Noten können den tatsächlichen Leistungsstand eines Kindes nicht korrekt widerspiegeln, da sie immer nur Momentaufnahmen sind. In regelmäßigen Abständen sowie zum Schuljahresende werden Berichte verfasst. In diesen wird der Bildungs- und Entwicklungsstand des Kindes detailliert beschrieben. Die Berichte werden von den Lehrern des Kindes angefertigt.

- Die meisten Montessori-Schulen sind Grundschulen. Danach würde, wenn sich keine weiterführende Montessori-Einrichtung im Einzugsgebiet befindet, ein Übertritt an eine weiterführende Regelschule notwendig werden. Grundsätzlich aber gilt die Montessori-Schule als eine „staatliche genehmigte Ersatzschule". Das bedeutet, dass sie zwar keine Abschlusszeugnisse ausstellen darf, selbstverständlich dürfen aber die bei ihr vorbereiteten Schüler als externe Prüflinge die regulären Schulabschlüsse an staatlichen Schulen ablegen. Mit dem danach ausgehändigten, staatlichen Abschlusszeugnis stehen ihnen somit alle Ausbildungs- und Fortbildungswege offen wie allen anderen Schülern auch. Es ist also letztlich möglich, bis zum Ablegen der Prüfung an einer staatlichen Schule seine gesamte Schulzeit an einer Montessori-Einrichtung zu verbringen.
- Während die Regelschulen ihre Grundschule für gewöhnlich nach der 4. Klassenstufe beenden, führen die Montessori-Einrichtungen ihre Grundschule noch über die beiden Jahre bis zur 6. Klassenstufe - die sogenannte Orientierungsstufe. Ein früherer

Schulwechsel kann bei entsprechendem Entwicklungsstand aber auf Anfrage für gewöhnlich unkompliziert durchgeführt werden.

- Das Lernen ist von Freiarbeit geprägt, die nicht nur fachübergreifend, sondern auch altersübergreifend stattfindet.
- Teamgeist ist gefragt. Es versteht sich für alle Kinder von Anfang an von selbst, dass man sich gegenseitig unterstützt und füreinander da ist.
- Hilfe zur Selbsthilfe – eigenständiges Arbeiten ist erwünscht. Dennoch wird jedem, der darum bittet, Hilfe angeboten, um sich letztlich selbst helfen zu können. Dieser Punkt ist häufig unter dem Begriff „Lernen ohne Lehrer" zu finden.
- Offener Unterricht – Frontalunterricht wird möglichst zu 100 % vermieden.
- Die vorbereitete Umgebung gibt dem Kind Struktur, wo es welche Lehrmaterialien findet, mit der klaren Vorgabe, diese dort auch wieder einzusortieren, um sie jedem anderen Schüler zugänglich zu machen.
- Kosmische Erziehung, um Teil des Ganzen zu werden. Der Mensch wird als Mikrokosmos angesehen, der seinen Platz im Kosmos erst finden muss. Deshalb ist die Verbindung zu allem, zum gesamten Kosmos so besonders wichtig. Nur, wer seinen eigenen Standpunkt finden möchte, genauer gesagt, gefunden hat, kann sich selbst als eigenständiges, bewusstes Teil des Kosmos ansehen und entsprechende Verantwortung für sich und sein Handeln übernehmen und somit anderen eine große Stütze sein, wenn sie es möchten.

„Prominente“ Montessori-Schüler und deren Erfahrungen

- Jeff Bezos – Gründer von Amazon
- Anne Frank – das bekannteste, jüdische Mädchen der Welt
- Larry Page – IT-Branche
- Sergej Brin – IT-Branche
- Friedrich Hundertwasser – Maler / künstlerische Gestaltung
- Gabriel Garcia Marquez – Literatur / Autorentätigkeit
- Die englischen Prinzen William, Harry sowie die Kinder von Prinz William
- Herman van Veen – Liedermacher, Sänger, Schriftsteller, Kabarettist
- Andrew Lloyd Webber – Komponist
- George Clooney – Schauspieler
- Heike Makatsch – Schauspielerin

Ja, da staunt man, wer alles aus der Montessori-Schule hervorging. Das allgemeine Vorurteil lautet ja, ähnlich wie bei der Waldorf-Schule, dass die Absolventen dieser Schulform dem reellen Alltag nicht gewachsen sind. Diese Behauptung kann man allerdings nicht so einfach stehen lassen, denn das einzige, das sie von Schülern der Regelschulen unterscheidet, ist die Tatsache, dass sie von einem anderen Standpunkt, mit einem anderen Blickwinkel an die Dinge herangehen. Von klein auf haben sie es gelernt, die Welt wortwörtlich zu begreifen. Da ist es nur allzu natürlich, dass sie letztlich auch die Alltagsprobleme und Alltagsaufgaben der Erwachsenen irgendwie anders, praxisorientierter angehen.

Was für den im „System gefangenen" Menschen unmöglich erscheint, können sie aufgrund ihres eigenen Standpunktes scheinbar ohne Schwierigkeiten angehen und lösen. Nein, ganz so einfach ist es gerade in Bezug auf die großen Lösungen des Lebens auch nicht. Keine Frage – auch diese Menschen haben mit ihren Problemen, die ihnen von der Gesellschaft, dem System in den Weg gelegt werden, zu kämpfen. Doch sind ihre Lösungen, ihre Arbeitsweisen so unterschiedlich von der Norm, dass sie diese Norm zu umgehen oder gar auszuschalten weiß. Die Norm ist für die Schüler der Montessori-Schulen keine Größe, die man akzeptieren müsste.

Nein – Montessori-Schüler sind keine Menschen von einem anderen Stern. Sie leben im gleichen Universum, auf der gleichen Erde wie wir anderen auch. Und doch scheint um sie herum eine kleine, eigene Biosphäre zu herrschen. Wir „Normalos" sollten versuchen, sie zu verstehen, denn wir können viel voneinander lernen.

Entsprechend sind die Erfahrungen, die die oben genannten Berühmtheiten mit ihrer Montessori-Schulausbildung gemacht haben, recht unterschiedlich. Schauen wir uns einmal an, was wir über sie in Erfahrung bringen können.

Jeff Bezos

Der Begründer von Amazon ist vielen Menschen ein Begriff, doch wissen nur die wenigsten davon, dass er ein Montessori-Schüler gewesen ist. Bereits in der Montessori-Vorschule war es sein Liebstes, sich in eine Sache hinein zu fokussieren. Er war förmlich von seiner Aufgabe, und war sie noch so klein, absorbiert, sodass er all seine Sinne darauf lenken konnte. Diese allumfassende „Seins-Erfahrung" im Lernen machte es für ihn im späteren Leben möglich, sich auf seine beruflichen Ziele ebenso zu fokussieren, sie mit jeder Faser seines Körpers anzugehen. Kein Wunder, so seine eigenen Worte, dass er mit Amazon einen derartigen Erfolg verzeichnen konnte. Polarisiert konnte er seine Vision verfolgen und Stück für Stück umsetzen. Er kann sich nicht vorstellen, ohne diese positiven Erfahrungen in seiner Schulzeit diesen Erfolg kreiert zu haben.

Herman van Veen

Wir alle kennen ihn vorwiegend als Liedermacher, mit oftmals kritischen, aber auch poetischen Texten. Er gibt offen zu, dass er das Glück hatte, dass sein Lehrer an der Montessori-Schule ihn nicht nur gesehen, sondern sein Talent für die Musik erkannt hat. Hätte dieser ihm nicht die erste Geige in die Hand gedrückt, wer weiß, was dann wohl aus ihm geworden wäre. Eine Frage, die wir lieber nicht zu beantworten versuchen, denn die Werke von Herman van Veen sind außergewöhnlich.

Die Prinzen William und Harry

Was ursprünglich allein den Atem geraubt hat, hat diesen beiden Männern ihre Basis vermittelt. Eine Basis, die trotz des Rampenlichts, in dem sie immer stehen müssen, absolut gefestigt ist. Abseits des Drills des Königshauses durften sie Freiheiten erleben, von denen andere Königskinder nur träumen konnten. Sie haben auf dem Weg der Montessori auch lernen dürfen, dass ihre eigene Freiheit immer von der Freiheit anderer, des Individuums abhängig ist. Eine Lektion, die man auch heute noch bei beiden feststellen kann und dies, obwohl sie nun eher getrennte Wege gehen und trotzdem dem gleichen Wurzelwerk entstammen. Respekt des anderen und seiner Freiheit ist vermutlich ihr ganz persönlicher Zauber, dem man sich nur schwer entziehen kann.

Friedrich Hundertwasser

Irgendwie hat jeder schon einmal ein Gemälde von ihm gesehen. Kein Wunder, denn sie sind so vollkommen anders und dennoch fesselnd. Und vor allem – sie lassen nicht eine einzige gerade Linie sehen. Doch auch als Architekt hat er sich einen Namen gemacht. Auch diese Bauten sind fantastisch, aber nicht gerade. Hätte er den Kunstunterricht in einer Regelschule besucht, wäre er vermutlich nie in Richtung Kunst und Architektur gegangen, oder er hätte sich stets darum bemüht, die Regeln der Schule zu brechen, um seine freie, natürliche Kunst leben zu können. Nichts anderes ist sie – ein Zeichen dafür, dass es in der Natur „schnurgerade" nicht gibt und der Mensch doch aber „nur" ein Teil der Natur ist und sich deshalb anpassen sollte. Hundertwasser hat viel Einfluss auf die Menschen, denn dank ihm können sie wenigstens für einige Minuten, in denen sie seine Werke bewundern, der gradlinigen Welt des heutigen Menschen entfliehen.

Larry Page und Sergej Brin

Nein, sie sind tatsächlich nicht die einzigen Montessori-Absolventen, die später eine Revolution in der IT-Welt herbeigeführt haben. Allerdings kennt man in Verbindung mit Google ihre Namen. Was sie bei Montessori für diesen Werdegang gelernt haben? Die Freiheit, die Welt im eigenen Tempo kennenzulernen und zu erforschen sowie der Entschlossenheit, den eigenen Interessen stets zu folgen. So entstehen, wie man sieht, fantastische Ideen, die umgesetzt werden können, wenn man sich nur genug Zeit hierfür lässt. Es ist nicht die Hartnäckigkeit, sich durchsetzen zu wollen. Es ist die Entschlossenheit, den Thron erklimmen zu wollen. Und die lernt man in einer Montessori-Einrichtung.

Heike Makatsch

Die deutsche Schauspielerin gilt heute als eine der anspruchsvollsten und damit erfolgreichsten Schauspielerinnen Deutschlands. Bereits in den Montessori-Einrichtungen, die sie seit ihrem 4. Lebensjahr besuchte, wurde ihre gewinnende wie auch mitfühlende Art, die mit großem Selbstbewusstsein gepaart war, wohlwollend registriert und unterstützt. Nicht nur in der Filmbranche, auch im sozial-politischen Bereich hat sie diese Stärken zum Einsatz gebracht und viel erreichen können.

George Clooney

Schauspieler, Filmproduzent, Drehbuchautor, Regisseur – jede einzelne dieser Fähigkeiten wurde bereits in jungen Jahren bei ihm festgestellt und von den Lehrern der Montessori-Schule aufgegriffen. Am stärksten zeigt er seine Erziehung in der Montessori-Gemeinde dadurch, dass er bekennender Pazifist und Kriegsgegner ist und sich sehr für verschiedene Sozialprojekte engagiert. Er weiß, dass er vieles in den Schulen gelernt hat, was ihm heute hilft, für seine Überzeugungen einzustehen und den Schwachen der Gesellschaft zu helfen.

Andrew Lloyd Webber

Ein weiteres Ausnahmetalent, das den Montessori-Schulen entsprungen ist und sich weltweit einen Namen machen konnte. Seine musikalischen Kompositionen sind sagenhaft. Ob er dieses Talent auch ohne die Unterstützung der Montessori-Schulen auf diese Weise hätte prägen können, sei dahingestellt. Sicher ist, dass die Montessori-Schule seinen Weg definitiv geprägt hat.

Gabriel Garcia Marquez

Sein Geist wurde einwandfrei von Montessori beeinflusst. Kaum ein anderer versteht es, Elemente des Alltags mit Fiktion und Fantasy auf derartige Weise aufs Papier zu bringen. Er hat niemals vergessen, wo seine geistigen Wurzeln liegen. Selbst in seiner Biografie kommt er nicht umhin, die Einrichtungen Montessoris und seine ehemaligen Lehrer immer wieder für ihre innovative, experimentelle Lehrweise zu loben. Ihm wurden in der Schule im wahrsten Sinne des Wortes, Flügel des Geistes verliehen und er hat sich ihrer immer würdig erwiesen.

Anne Frank

Ein Name, der vielen eine Gänsehaut vor Ehrfurcht vor diesem Mädchen verleiht. Lange konnte sie nicht in den Montessori-Einrichtungen verweilen, dennoch haben sie ihr einen Blickwinkel ermöglicht, der sie hinter die Kulissen des 3. Reichs blicken ließ. Die Fähigkeit des Schreibens in einem Umfeld des Schreckens wird ihren wenigen Jahren an der Montessori-Schule zugeschrieben. Diese Fähigkeit war ihr nicht nur eine Stütze, sondern auch das Sprachrohr zur Welt. Einer Welt, von der sie letztlich auch gehört wurde.

Wir können erkennen, dass es auf der Montessori-Schule viele Dinge gibt, die auf Regelschulen weder angesprochen noch aktiv unterstützt werden. Der Frontalunterricht macht in dieser Hinsicht vieles kaputt, was nur selten wieder repariert werden kann. Das eigenständige Arbeiten und Erkunden sollte ein fester Bestandteil in jeder Schulform sein. Ist er es nicht, hinterlässt die Schule Arbeitsdrohnen, die auf Zuruf arbeiten, aber keine eigenen Ideen haben. Arme Welt, die sich vor diesen Erkenntnissen bewusst verschließt!

Teil 2: Praktische Anwendung zu Hause - Übungen

Kinder helfen gerne im Alltag. Es gibt ihnen die Option, sich nach einem aufregenden Tag wieder auf das Zuhause, auf sich selbst zu konzentrieren. Dies ist in der energiegeladenen Umgebung der Schule nicht in einem angemessenen Maße möglich. Geben Sie ihnen also Aufgaben. Damit schlagen Sie zwei Fliegen mit einer Klappe: Zum einen lernen die Kinder mit den Aufgaben des Alltags umzugehen, zum anderen lernen sie, dass die Vorbildfunktion der Älteren, also in diesem Fall der Eltern, für sie eine große Hilfe zum Lernen sein kann. Und genau genommen wird noch eine dritte Fliege erschlagen. Für die Eltern ist diese Unterstützung im Alltag natürlich auch eine wunderbare Hilfe, da sich daraus mehr Zeit für Gemeinsames bzw. die Möglichkeit ergibt, Neues zu erkunden oder auch nur den Tag etwas entspannter verbringen zu können. Seien Sie aber nicht zu enthusiastisch: Die ganz Kleinen benötigen natürlich zunächst einmal andere Aktivitäten, die ihnen erst einmal verdeutlichen, was sie überhaupt alles machen können.

Achtung – die Altersangaben, die den Aktivitäten zugeordnet wurden, sind lediglich Durchschnittswerte. Selbstverständlich sind diese Angaben dehnbar und können sich zur einen oder anderen Seite hin verschieben. Seien Sie ein Luchs. Nutzen Sie Ihre Beobachtungsgabe, um Aufgaben, die sich als zu schwer oder auch zu leicht erweisen, von der aktuellen Aktivitätsliste zu

streichen, denn das Kind soll ja in einem angemessenen Maße gefordert und gefördert werden.

Definition des Begriffes „Aktivität"

Sprechen wir im Zusammenhang mit Montessori von einer Aktivität, handelt es sich stets um eine Handlung, die zum Erwerb einer Fähigkeit führen soll. Ein Beispiel: Das Kind stellt fest, dass eine ganz bestimmte Kugel sich durch ein ganz bestimmtes Loch in einem Kasten hindurchdrücken lässt. Somit lernt es, genau diese ganz bestimmte Herausforderung zu meistern. Das entscheidende Detail dabei ist, dass dieser Kasten keine andere Möglichkeit bietet. Genau hier finden wir den wichtigsten Unterschied zu heutigem Plastikspielzeug. Die neuen Kunststoffmodelle bieten Lösungen an, den Ball mittels mehrerer, gleichzeitiger Aktivitäten zu versenken, etwa durch gleichzeitiges Anheben und Schieben einer Platte oder Ähnliches.

Damit dies nicht möglich ist, werden grundsätzlich natürliche Werkstoffe für die Hilfsmittel verwendet. Auf diese Weise schulen die Kinder nicht nur ihre Fertigkeiten, vielmehr erfahren sie auch etwas über diesen Stoff. Sie machen etwa die Erfahrung, dass sich Holz warm anfühlt, rau und weich zugleich. Weiterhin stellen sie auch fest, dass sie es problemlos in den Mund nehmen können, ohne sich Verletzungen zuzuziehen.

Wenn es in den ersten Jahren auch vielleicht vollkommen unbewusst abläuft, werden die Kinder doch bemerken, dass das Gewicht der hölzernen Gegenstände nicht immer identisch ist. Die Größe macht hier den Unterschied, was sie durch reines Befühlen, Abwiegen und Betasten ebenfalls feststellen können.

Achten Sie darauf, dass Sie möglichst natürliche Materialien kaufen. Sicherlich ist Spielzeug aus Holz im Vergleich zu Plastikspielzeug recht teuer, zeigt dafür allerdings Vererbungstendenzen. Im Übrigen werden in den Montessori-Einrichtungen möglichst naturbelassene Körbe, etwa Weidenkörbe, zum Einsatz gebracht.

Die Gestaltung der Aktivität

Bedenken Sie, dass die Kinder die Führung in der Auswahl der Aktivität übernehmen. Entsprechend dem Alter und der aktuellen Interessen wird also das Montessori-Regal mit Material bestückt. Damit es nicht einfach nur „da" liegt und vielleicht vom Kind als uninteressant eingestuft wird, sollte man sich die Zeit nehmen, die Präsentation des Materials zu überdenken. Ja, Sie können jetzt ruhig sagen, dass man dem Kind das Material anbieten, ja beinahe anpreisen sollte. Darin steckt vielleicht ein klein bisschen Beeinflussung.

Letztlich aber ist es immer noch das Kind, das sich für oder gegen ein Material aus dem Regal entscheidet. Legen Sie die Tagesmaterialien gut sichtbar in ein Regal. Sicherlich ist eine Kiste für das Material praktisch, aber für das Kind erscheint sie unübersichtlich. Auch das Präsentieren in einem Korb oder auf einem Tablett kann dem Kind helfen, die Dinge wirklich zu sehen, bevor es sich für etwas entscheidet.

So kann es passieren, dass die Präsentation im Korb / auf dem Tablett ein Kind dazu animieren kann, sich in einer zweiten Runde, nachdem das erste Material an Wichtigkeit verloren hat, sich noch einmal für die gleiche Aktivität zu entscheiden. Nicht, weil es bewusst dieses Thema bearbeiten möchte, vielmehr spricht es auf eben diese Aktivität an, die nun allerdings auf einem anderen Tablett angeboten wird.

Zudem ist es sinnvoll, die Dinge, die zusammengehören, auf einem Tablett, in einem Korb zu präsentieren. So werden Knetmasse, die Tischunterlage, die Werkzeuge zum Schneiden und Formen der Masse zusammen auf einem Tablett arrangiert. So weiß das Kind, dass es mit genau diesen Werkzeugen mit der Knete arbeiten kann.

Beachten Sie, dass die Kinder sich möglichst selbst helfen sollen. Daher muss die Umgebung derart vorbereitet sein, dass dies auch möglich ist. Ein Beispiel: Es soll gemalt werden. Dafür sind Staffeleien aufgebaut. Jeweils an einer Seite ist eine Schürze aufgehängt, die das Kind sich allein oder mit Hilfe zu Beginn anziehen soll. Auf der anderen Seite befindet sich ein Lappen, mit dem die Hände, etwaige Tropfen oder die Staffelei sauber gehalten werden können.

Der Korb mit sauberem Papier wird so zwischen die Staffeleien gestellt, dass alle Kinder ihn eigenständig erreichen können, wenn ein neuerliches Bild gefertigt werden soll. Ein Wäscheständer mit Wäscheklammern, an dem die Bilder trocknen können, ist für die Kinder in der richtigen Höhe aufgestellt, sodass auch dieser Arbeitsschritt eigenständig vorgenommen werden kann. Die kleineren Kinder sind hierbei zu unterstützen. Optimalerweise wird ihnen von anderen Kindern geholfen.

Es ist immer ausreichend Zeit einzuplanen, um bestimmte Aktivitäten zurückbauen zu können. Hierbei ist insbesondere an Puzzle oder Türme aus Klötzen zu denken. Damit sofort wieder die Ordnung eingehalten wird, sollte für die Puzzlestücke, für die Klötze ein entsprechendes Behältnis vorhanden sein, das diese sofort aufnehmen kann. Der Puzzlerahmen erhält einen festen Platz direkt daneben. Das Kind lernt so, dass alles seinen festen Platz, seine richtige Ordnung hat. Dabei sollte darauf geachtet werden, dass die Teile auf die rechte Seite und der Rahmen auf die linke gestellt wird (oder umgedreht). Wichtig ist das Rechts-Links-Verhältnis, da es als eine Vorbereitung zum Lesen anzusehen ist.

Übungen in der Aufbauphase – Kindergartenzeit

Früh übt sich. Kinder wollen von Anfang gefordert und gefördert werden, deshalb kann man nicht früh genug mit den Aktivitäten beginnen. Für uns Eltern beginnt die „Arbeit" damit, das Kind zu beobachten. Nur so kann man herausfinden, welche Bedürfnisse das Kind. Haben wir diese herausgefunden, ist es uns möglich, den zu nutzenden Raum entsprechend vorzubereiten.

Kleinkinder weisen in den folgenden Bereichen wichtige Bedürfnisse auf:

- Den unterschiedlichen Einsatz der Hände: Hierzu gehören der Einsatz und die Verbesserung des Griffs, das Greifen über die Mittellinie des Körpers hinweg, die Übergabe von Gegenständen von einer Hand zur anderen, das Tragen von Gegenständen unterschiedlicher Größe, der gleichzeitige Einsatz beider Hände.
- Grobmotorische Bewegungen zu üben und zu verbessern
- Kommunikation
- Selbstausdruck

Um diesen Bedürfnissen gerecht zu werden, werden die Montessori-Aktivitäten für Kleinkinder in folgende Hauptrubriken unterteilt:

- Sprache
- Auge-Hand-Koordination: Die Grifftechniken wie auch die Verwendung beider Hände muss zu Beginn viel geübt werden, deshalb suchen sich die Kinder diese Aufgaben gerne auch selbst.
- Alltagsaktivitäten
- Musik und Bewegung
- Kreatives Gestalten

Übungen für ein- bis zweijährige

- **Kneten**: Rühren Sie einen einfachen Mehl-/Wasserteig an. Damit kann das Kind sich lange beschäftigen, wenn es sich dafür entscheidet.
- **Malen mit Wasserfarben**: Diese Übung kommt für die meisten Kinder erst mit 1 ½ bis 2 Jahren zum Tragen. Bieten Sie das Malset am besten auf einem Tablett an – der Wasserbecher, der Pinsel, zu Beginn nur 1 Farbe und ein Tuch zum Saubermachen der Finger. Natürlich benötigt das Kind die Unterstützung. Wie üblich natürlich nur so wenig wie möglich. Seien Sie nachsichtig – es ist noch kein Picasso vom Himmel gefallen. Eine Aktivität, die altersgruppenübergreifend ist.
- **Holzklötze nach Größe Sortieren**: Dieser Punkt erklärt sich von selbst.
- **Holzklötze nach Farben sortieren**: Dieser Punkt ist die Steigerung des Vorherigen, kommt entsprechend dem Entwicklungsstand des Kindes zum Tragen.
- **Auffädeln**: Es verfeinert die Grifftechniken, schult sowohl die Auge-Hand-Koordination als auch die allgemeine Geschicklichkeit. Das Kind lernt, beide Hände zu benutzen. Im Alter von 12 Monaten ist das Baby in der Lage, größere Ringe von einem Stab zu nehmen und sie wieder darauf zu stecken. Noch ein bis zwei Monate weiter und das Kind beginnt, die Ringe der Größe nach auf den Stab zu ordnen. Es gibt dieses Tool sowohl in Natur als auch in einer farbigen Version. Bei dem farbigen Modell wird das Kind irgendwann damit beginnen, die Ringe nach

Farben zu sortieren. Der Rückbau sollte hier gut beobachtet werden, damit das Tool letztlich korrekt angeordnet wieder auf dem Tablett steht. Nach individuellem Lerntempo kann dem Kind angeboten werden, die Ringe auf einen horizontalen Stab zu fädeln. Die Bewegung, die es dadurch lernt, nennt sich „Überschreiten der Mittellinie". Es wird also von einer Körperseite auf die andere mit der Hand hinübergegriffen. Im nächsten Schritt werden die Ringe durch Perlen ausgetauscht. Auch sie werden zunächst noch auf einen Holzstab gefädelt. Wird der Holzstab zu einfach, wird ein dickerer Schnürsenkel verwendet. Damit die Kinder diesen besser halten können, empfiehlt es sich, einen hölzernen Abschluss zu fertigen, an dem die Kinder den Schnürsenkel halten können. Später wird der Schnürsenkel gegen einen feineren Faden und die dicken Holzperlen gegen feinere Perlen ausgetauscht.

- **Stecken / Einwerfen**: Mit dieser Aktivität lernt das Kind, Dinge unterschiedlicher Art in Kisten, Körbe oder andere Behältnisse zu legen, werfen oder stecken. Bis zu einem Alter von 12 – 15 Monaten lieben es die meisten Kinder, Bälle in Kästen und Kisten zu werfen (andere Behältnisse sind natürlich denkbar). Auch Kugeln durch ein Loch mithilfe eines Hammers zu schlagen, ist sehr beliebt. Die meisten Kinder beginnen mit 12 Monaten auch andere Formen durch entsprechende Öffnungen zu stecken. Hierfür sind Steckbretter oder Steckkisten vorgesehen. Meist wird mit Zylindern begonnen, um dann zu Würfeln, Rechtecken und Dreiecksprismen überzugehen. Ist hierbei eine adäquate Sicherheit der Aktivität vorhanden, kann das Kind versuchen, eine Münze durch einen Schlitz zu stecken. Am besten wird hierfür auf einem Tablett eine kleine Geldkassette mit Schlitz (Schlüssel am besten am Schloss angehängt lassen) auf die rechte Tablettseite gestellt. Auf der linken finden wir eine kleine Schale mit einigen Münzen. ➔ Bei diesem Spiel ist die Rolle des Beobachters besonders wichtig, damit das Kind nicht die Münze in den Mund nimmt und vielleicht verschluckt. Wer keine Münzen nehmen möchte, kann auf Spielmarken zurückgreifen, mit ihnen wird das Kind an Geldmünzen erinnert.

- **Einfädeln mithilfe eines Siebes und Pfeifenreinigern:** Die Aufgabe ist, die Pfeifenreiniger in die Löcher des Siebes einzufädeln. Eine hervorragende Übung für die Auge-Hand-Koordination.
- **Öffnen / Schließen von Verschlüssen**: Es gibt in jedem Haushalt sehr viele verschiedene Behältnisse und andere Gegenstände, die geöffnet und geschlossen werden können. Sie alle können zum Einsatz gebracht werden, um dem Kind die Alltagsgegenstände, die es regelmäßig öffnen und schließen wird, nahezubringen. Hierzu gehören unter anderem Handtaschen, sowohl mit Knöpfen verschiedener Art als auch Reißverschlüssen, Töpfe, Vorratsdosen, Marmeladengläser, Gegenstände mit Druck- oder Klettverschlüssen. Zu diesem Thema finden sich in jedem Haushalt sehr viele Möglichkeiten. Um das Kind zu animieren, kann es sinnvoll sein, in dem Behältnis immer eine Kleinigkeit zu verstecken, etwa eine kleine Puppe, einen Ball, einen

klimpernden Schlüsselanhänger und Ähnliches, was dem Kind gerade Spaß macht. Als höherer Schwierigkeitsgrad können Steckschlösser mit Schlössern zum Einsatz kommen, etwa an einer Geldkassette oder einem Schrank. Vorhängeschlösser wären noch eine Schwierigkeitsstufe weiter.

- **Schrauben und Muttern**: Das Auf- und Abdrehen der Schraubenmuttern fördert die Feinmotorik des Kindes. Einerseits muss es mit beiden Händen gleichzeitig arbeiten, andererseits ist es wichtig, dass bestimmte Bewegungen, das Drehen nämlich, mit nur einigen Fingern bewältigt wird. Die Schrauben und Muttern sollten in unterschiedlichen Größen bereitgehalten werden. Der Schwierigkeitsgrad wird durch das Verwenden kleinerer Schrauben gesteigert. Zudem kann das Kind die Schrauben, wie auch die Mutter, der Größe nach sortieren.
- **Gummibänder und Geobrett**: Das Gummiband wird über das Geobrett gedehnt. Dies schafft zum einen Koordination, da auf dem Brett diverse Möglichkeiten der Befestigung bestehen und zum anderen stärkt es die Finger und damit die Feinmotorik.
- **Sortieren**: Für diese Aktivität ergeben sich für Sie und Ihr Kind vielfältige Möglichkeiten. Sortieren kann man nach Größe, Farbe, Art und Material. Diese Aktivität kann überall durchgeführt werden. Sind Sie mit dem Kind am Strand, werden Steine oder Muscheln sortiert. Im Wald können es Tannenzapfen sein. Auch unterschiedliche Nussarten können verwendet werden. Spielzeug, Alltagsgegenstände, Kleidung (am besten Socken) – setzen Sie einfach nach und nach alles ein, was Ihnen für

diese Aktivität sinnvoll erscheint – natürlich stets altersgerecht und ungefährlich.

- **Puzzles:** Alle Kleinkinder lieben es, ein Puzzle zu zerlegen. Am einfachsten ist es für sie mit sogenannten Greifpuzzles. Jedes Puzzleteil besitzt einen Griff. Die Aussparungen in der Puzzleform sind dadurch gut zu treffen. Drei- bis sechsteilige Puzzle stehen für die Kleinsten zur Verfügung. Die Puzzles für diese Altersstufe besitzen noch recht große Griffe, damit das Kind die Aktivität auch wirklich bewältigen kann. Für Fortgeschrittene können dann Puzzle mit kleineren Griffen angeschafft werden. Der tolle Effekt der Puzzles: Das Kind trainiert nicht nur die Feinmotorik und die Augen-Hand-Koordination, sondern es kann auch etwas über die Welt lernen, da die meisten Puzzles ein bestimmtes Thema verfolgen. Je mehr Teile ein Puzzle besitzt, desto interessanter wird es für das Kind. Hier kann man eine echte Herausforderung stellen. Ab einem Alter von 18 Monaten kann man auch schon versuchen, dem Kind ein Puzzle ohne Griff anzubieten. Die Puzzleteile sind auch hier zunächst recht groß und können dann kleiner werden. Als weitere Steigerung werden Puzzles verwendet, die gleich große Teile aufweisen. Es versteht sich von selbst, dass auch diese immer kleiner werden.
- **Helfen im Haushalt**: Doch, das können auch schon kleine Kinder. Wenn Sie beim Staubwischen sind, legen Sie auch für das Kind, sichtbar, ein Tuch bereit. Natürlich wird es erstmal nur auf einer Stelle wischen, aber es versteht das Prinzip. Erklären Sie dabei, was genau Sie machen und auch warum. Andere Aktivität – tragen Sie die Einkäufe ins Haus,

bieten Sie dem Kind einen leichten Gegenstand zum Hereintragen an. Die meisten greifen danach. Wenn nicht – kein Problem. Diese Aktivität kann man immer wieder anbieten, bis es klappt und sich verselbstständigt. Nur nicht ungeduldig werden. Dieser Grundsatz gilt übrigens für viele Dinge im Haushalt. Oftmals ist die vorbereitete Umgebung hierfür sehr wichtig. Und natürlich gehören viele dieser Übungen in die nächste Gruppe, nämlich zu den zwei- bis vierjährigen Kindern.

- **Musik und Singen, Töne erzeugen und erkennen**: Nicht in jedem Haushalt wird aktiv gesungen. Das ist schade, denn jedes Kind muss lernen, Töne zu erzeugen und sich zu bewegen. Sehen wir also davon ab, dass wir nicht gut singen können und tun es für und mit dem Kind trotzdem. Wir müssen die Töne erzeugen, damit das Kind sie kennenlernen kann. In der Natur ist es einfach, sich den Tönen hinzugeben. Lassen Sie das Kind einfach horchen! Es gibt Babys, die nichts lieber machen, als still im Kinderwagen zu liegen, die Zweige eines Baumes im Wind zu beobachten und dem Wind zu lauschen. Genauso können SIE aber auch die Töne und die Bewegungen des Kindes nachahmen. Sie werden sehen, dass das Kind dadurch ermutigt wird, weitere Töne zu bilden und sich nach seinen individuellen Eingebungen zu bewegen. Des Weiteren lassen sich die Kinder durch Start- und Stoppspiele zum Bewegen animieren und lernen so, die Kontrolle über den Körper zu erlangen. Singen Sie gemeinsam bzw. Sie singen und das Kind fällt vermutlich ein. Musikinstrumente sollten regelmäßig auf dem Aktivitätenregal liegen: Ein Tamburin, eine Trommel, eine Rassel, ein Xylophon, Tonblocks – schlicht alles, was geschüttelt oder geschlagen werden kann. Diese Aktivitäten sind auf jeden Fall altersübergreifend. Singen, musizieren und sich dazu bewegen sollte auf dem Aktivitätenplan stehen. Übrigens, gerne auch einmal spontan.

- **Gehen und laufen**: Diese Aktivität mag jetzt ein wenig überraschend hier auftauchen, da man davon ausgehen sollte, dass sich ohnehin jedes Kind bewegt. Nicht alle Kleinkinder bewegen sich ausreichend. Lassen Sie die Kinder, sobald sie die Ansätze dazu zeigen, so oft wie möglich laufen. Sicherlich nehmen diese Übungen viel Zeit in Anspruch, denn Kinder neigen dazu, zunächst viel zu fallen. Reichen Sie ihnen zum Aufstehen die Hand, wenn sie darum bitten. Zeigen Sie Präsenz, damit das Kind weiß, dass ihm im Notfall jemand zur Seite steht. Ansonsten lassen Sie das Kind, an der Hand oder frei, einfach gehen / laufen, wann immer es möchte. Eine bessere Übung dafür gibt es einfach nicht. Kleine Etappen, auch auf größeren Spaziergängen stärken die Muskulatur, die Koordination und das allgemeine Körpergefühl. Natürlich haben Sie den Buggy / Kinderwagen dabei, damit die Ruhephasen nicht zu kurz kommen. Wenn das Kind wieder gehen möchte, verwehren Sie es ihm nicht, auch wenn der Zeitaufwand dadurch stark ansteigt. Dies ist ebenfalls eine Aktivität, die altersübergreifend ist. Bitte denken Sie stets daran, dass bei Spaziergängen der Buggy immer nur für den Notfall dabei ist. Es stärkt das Selbstvertrauen des Kindes, wenn es die „kleine Spazierrunde“ bereits allein bewältigen kann.

- Bewegung wird in dieser Altersstufe gerne mit den Eltern zusammen durchgeführt. Das Kind auf dem Arm halten und tanzen ist ein guter Weg dem Kind zu zeigen, wie schön das natürliche Bewegen ist. Sobald das Kind sicher steht bzw. geht, sollte es selbst tanzen. Lassen Sie dem Kind regelmäßig die Möglichkeit, sich zur Musik zu bewegen. Sie werden erstaunt sein, wie die natürliche Bewegung Ihres Kindes ausfallen wird.
- **Lustige Bewegungsspiele**: Kinder sind oft begeistert von Bewegungsspielen, die mit einem Sprechgesang einhergehen. Hier gibt es viele Beispiele in den zahlreichen Gesangsbüchern für kleine Kinder.
- **Musik hören**: Musik von bspw. CDs zu hören ist natürlich etwas anderes, als selbst zu singen. Hier schult das Musikhören nicht nur das Gehör, sondern auch die Eigenwahrnehmung in Bezug auf Töne. Dürfen die Kinder regelmäßig gute Musik hören, werden zahlreiche Entwicklungsschritte in Gang gesetzt, die sich ohne die Musik vielleicht gar nicht offenbaren würden. Musik ist altersgruppenübergreifend. In diesen Bereich fallen übrigens auch Tonaufnahmen von Natur- und Tiergeräuschen. Gerade die Tiergeräusche geben viele Optionen, mit den Kindern lustige Ratespiele zu spielen.
- **Konzertbesuche**: Nein, leider sind Kinder nicht überall zu Konzerten erlaubt. Grundsätzlich ist es wunderbar, die Reaktion der Kleinen auf das Konzert, aber auch das gesamte Umfeld zu registrieren. Aus diesem Grunde gehört der Besuch von Konzerten zu den altersgruppenübergreifenden Aktivitäten, die man bis ins Erwachsenenalter beibehalten sollte.

- **Aufräumen**: Das Aufräumen der Lern- und Spielsachen sollte für das Kind zum Spielen, aber auch zum Lernen ganz automatisch dazugehören, sobald es sich eigenständig fortbewegen kann. Auch das krabbelnde Kind kann bereits einige Dinge selbst wieder an seinen Platz bringen. Sobald es sicher eigenständig läuft, gibt es keine Ausreden mehr. Natürlich wird es in dieser Altersstufe noch spielerisch durchgeführt und dennoch kann man den Ernst der Lage bereits durchblicken lassen. Es versteht sich von selbst, dass diese Aktivität altersgruppenübergreifend ist. Auch alltägliche Dinge müssen aufgeräumt werden. Hierbei kann das Kind sehr gut helfen, in kleinstem Rahmen, der aber im Laufe der Zeit immer weiter abgesteckt werden wird.
- **Kommunikation**: Natürlich wird mit dem Kind kommuniziert. Doch wie ist es andersherum? Nimmt das Kind eigenständig Kontakt zu Ihnen, Familienmitglieder und ihm fremden Personen auf? So sind Onkel und Tante nicht sehr oft zu Besuch. Ist das Kind neugierig genug, um eigenständig den Kontakt zu suchen oder versteckt es sich? Keine Frage, beide Reaktionen sind in Ordnung. Das Kind sollte stets dabei sein, wenn Besuch kommt, um die Kontaktaufnahme lernen zu können.
- **Verstecken**: Die Kleinsten verstecken sich hinter ihren Händen. Doch sie erkennen schnell, dass man im Haus viele tolle Verstecke finden kann. Richtig – es ist wieder altersgruppenübergreifend.
- **Stapeln**: Wissen Sie eigentlich, was Sie alles besitzen, das vom Kind aufgestapelt werden kann. Ja,

auch die Kleinen können bereits Handtücher, Topflappen, Zeitungen oder kleine Bücher und ähnliche Dinge stapeln. Manchmal fangen sie sogar ganz von allein an, dieser Aktivität nachzugehen. Andere tragen leichte Behältnisse von A nach B und vielleicht auch wieder zurück. Warum? Zum einen, weil sie es können und dies zeigen wollen, zum anderen, weil sie ihre gesamte Konzentration in diesem Moment auf genau diese Aktivität lenken.

... und nun noch einige Aktivitäten einfach aufgezählt...

- Verschüttetes in der Küche oder im Bad mit einem Wischlappen, in den man mit der Hand hineinschlüpfen kann, selbst aufwischen
- Aus einem (echten) Glas trinken
- Haare bürsten oder kämmen
- Zähne bürsten, mit Unterstützung, damit die Zähne bestmöglich gereinigt werden...
- Handtuch auf den Haken hängen
- Badespielzeug einräumen – es sollte einen separaten Eimer oder ein Netz dafür geben
- Hände waschen – Flüssigseife eignet sich am besten
- Socken allein ausziehen und zur Schmutzwäsche legen
- Eine Windel bzw. Unterhose aus dem Schrank holen
- Vorhänge aufziehen
- Licht ein- und ausschalten
- Auf Bitten der Eltern kleine Gegenstände holen
- Die eigenen Schuhe holen und wegstellen

Übungen für zwei - bis vierjährige

In dieser Altersstufe beginnen die Kinder, viele Dinge im Alltag den Erwachsenen nachzuempfinden, diesen zu kopieren. Das ist ein normaler Vorgang, der während der vorbereiteten Lernzeit im Kindergarten oder zu Hause nicht berücksichtigt wird. Gerade im Kindergarten gewöhnen die Kinder sich schnell an den Raum, egal ob Speisesaal oder Spiel- / Gruppenraum, eigenständig in Ordnung zu halten. Sie halten sich auch gegenseitig dazu an. Eine gute Sache, denn so regeln sie die Ordnung des Raumes untereinander. Die Betreuerin braucht nicht eingreifen. Wer zu Hause mehrere Kinder hat, wird feststellen, dass sich das erste Kind an den Eltern orientiert, die anderen hingegen am ersten Kind. Schauen wir einmal, welche Aktivitäten im Alltag und zu Hause für zwei- bis vierjährige Kinder auf der Agenda stehen können.

Übrigens ist es spätestens jetzt an der Zeit, dass diverse Ecken der Wohnung mit kindgerechten, kleinen Möbeln ausgestattet werden. Das Thema ist ja bereits besprochen worden. Mit den kindgerechten Möbeln, etwa in der Küche oder im Kinderzimmer stehen dem Kind ganz andere Möglichkeiten offen. Die Eigenständigkeit wird viel besser unterstützt. Bedenken Sie dies, wenn Sie an der Einrichtung einige kindgerechte Verbesserungen vornehmen wollen. Es geht stets darum, die Eigenständigkeit des Kindes in so vielen Aktivitäten wie möglich zu stärken.

- **Stereognostische Beutel**: der Zauberbeutel! Unter Stereognosie versteht man die Fähigkeit, einen Gegenstand ausschließlich über den Tastsinn zu erkennen. Diese Fähigkeit kann man mit ungefähr 2

½ Jahren fördern. Der Gegenstand wird in den Beutel gelegt und das Kind sollte möglichst, wenn es die Hand hineinsteckt, um den Gegenstand zu ertasten, nicht in den Beutel hineinsehen können. Beschäftigt sich das Kind gerade mit einem bestimmten Thema, können entsprechende Gegenstände in den Beutel gelegt werden. Sie können aber auch kunterbunt durcheinander in den Beutel gelegt werden. Wichtig ist, dass nur Gegenstände verwendet werden, die das Kind bereits kennt. Beginnen Sie mit markanten Gegenständen wie z.B. einem Löffel, Schraubdeckel oder etwas Ähnlichem. So lernt das Kind schnell, seinem Tastsinn zu vertrauen und traut sich auch an schwierigere Objekte heran.

- **Musik**: Auch in dieser Altersstufe ist Musik bestens als Aktivität geeignet. Neben dem Xylophon und den bisher eingesetzten Musikinstrumenten könnten die Mundharmonika, die Blockflöte sowie Spieldosen zum Drehen angeboten werden. Vergessen Sie das Musikhören von bspw. CDs nicht. Dies kann gerne auch einmal laut werden. Wichtig ist in allen Altersstufen, dass es sich um wohlklingende Musik handeln sollte. Diverse Musikrichtungen, die sich seit den 1980er-Jahren etabliert haben, werden vielleicht gerne von den Eltern gehört, sollten in Kinderohren aber noch keinen Anklang finden (Techno, Heavy-Metal, u. ä.). Am besten eignen sich Klassik, Kinderlieder, Opern und Operetten sowie Musicals, Jazz und „leicht verdauliche" Musikstile.
- **Tanzen**: Gerne wird in dieser Altersgruppe die Tanzmatte angenommen. Wenn das Kind nach Musik zum Tanzen fragt, erfüllen Sie ihm diesen

Wunsch. Wer weiß, vielleicht dürfen Sie ja mit ihm zusammen tanzen.

- **Blumen gießen**: Kaufen Sie dem Kind eine kleine Gießkanne. Gerne kann das Kind auch bereits eigene Blumen oder Kräuter erhalten, auf die es achten soll. Seine wichtige Aufgabe – die Blumen täglich mit einigen Schluck Wasser zu versorgen, damit sie nicht vertrocknen.
- **Tisch decken oder abdecken**: Es ist in Ordnung, sein Kind zu bitten, die Löffel oder die Trinkgläser auf den Tisch zu stellen bzw. sie zur Spülmaschine zu bringen. Je jünger sie sind, desto weniger werden sie bei einem Ganz zum Tisch mitnehmen können. Aber das ist in Ordnung. Lieber langsam und dafür sicher, als dass jedes 2. Glas kaputt ginge. Sicherlich kann einmal etwas zu Bruch gehen. Das lässt sich aber alles auffegen und kann schließlich auch einem Erwachsenen passieren, nicht wahr? Diese Aufgaben lassen sich, je nach Motivation und Fähigkeit des Kindes, steigern. Wer möchte, kann auch noch kleiner anfangen, indem er die Servietten auf- und abtragen lässt. Seien Sie diesbezüglich einfallsreich, damit sich das Kind eingebunden fühlen kann. Es widerspricht dem Geiste der Montessori, dass sich die Kinder am Tisch ausschließlich bedienen lassen, denn die Kinder sind ebenso ein Teil der familiären Gemeinschaft wie die Großen.
- **Beim Kochen helfen**: Von jetzt an geht es bergauf, denn das Kind darf sich eine Kochschürze umbinden und bei den ganz Großen mitmischen – in der Küche! Bevor auf die eigentliche Aktivität eingegangen wird, noch einige Gedanken vorweg. Den Kin-

dern sind alle Tätigkeiten noch fremd, daher benötigen sie anfänglich Anweisung. Nein, sie können noch nicht wissen, wie man ein Ei verquirlt, Milch einrührt oder in ein Glas eingießt. All diese Kleinigkeiten, die uns selbst in Fleisch und Blut übergegangen sind, müssen wir nun dem Kind vermitteln. Langsam und Schritt für Schritt. Beherrscht es das Verquirlen und das Milcheingießen, kann zu weiteren Aktivitäten übergegangen werden. Da Sie Ihr Kind täglich beobachten und seine Fähigkeiten am besten einschätzen können, sind Sie auch tempovorgebend. Mögliche Aktivitäten in der Küche sind das Herausnehmen von Zerealien aus der Vorratspackung in eine Schüssel sowie das Hinzufügen von Milch. Das Abwiegen und Verrühren der Zutaten eines Kuchens. Das Bestreichen des Brotes mit Butter und einem Aufstrich. Das Kind kann sich in diesem Alter bereits selbst am Obstkorb bedienen, vorausgesetzt, es ist schon abgewaschen. Dies aber können Sie ja beide gemeinsam machen, denn auch Teamwork will gelernt werden.

- **Schneiden weicher Nahrungsmittel wie Bananen oder Salatgurken**. Dies kann mit einem Wellenschneider geschehen. Empfehlenswert ist auch das Kinder-Küchen-Set bestehend aus Sparschäler, Küchenmesser und Fingerschutz. Ebenso wichtig ist ein passendes, kleines Schneidebrett am besten mit kleinen Mulden, in denen das bearbeitete Essen abgelegt werden kann. Eine rundum führende Rinne kann eventuell auslaufende Flüssigkeiten auffangen.
- **Eigenständiges Anziehen**: Für das Selbstwertgefühl eines jeden Kindes ist es besonders wichtig,

dass das Anziehen selbst durchgeführt wird. Natürlich wird klein angefangen, etwa mit den Sandalen mit Klettverschluss. Stück für Stück wird mit den einzelnen Kleidungsstücken geübt, bis es selbst klappt. Sobald ein Kleidungsstück wie von allein angezogen werden kann, macht das Kind es selbst und bekommt nur noch bei den Teilen Unterstützung, die noch nicht so gut funktionieren, wie beispielsweise bei den Mädchen Strumpfhosen oder Ähnliches. Zum eigenständigen An- und Ausziehen gehört auch, die Kleidungsstücke über den Stuhl zu legen, um sie ein weiteres Mal anziehen zu können oder sie aber gleich zur Schmutzwäsche zu bringen. Im Idealfall steht im Kinderzimmer ein Schmutzwäschekorb, den das Kind benutzen kann. Die Kleinen verstehen schnell, worum es geht und werden sich gerne den „Hausregeln" beugen. Sie sehen ja, dass sie auch von dieser Ordnung profitieren. Das eigenständige An- und Ausziehen kann ein sehr zeitintensiver Prozess sein, denn nicht alle Verschlüsse sind schnell zu meistern. Hier gilt es, dem Kind ein positives Feedback zu geben, auch wenn die Knöpfe zum x-ten Male nicht zugehen wollen und sich der Reißverschluss nicht öffnen lässt. Denken Sie immer daran, im Tempo des Kindes zu bleiben.

- **Schneiden und Kleben**: Wer eine Zeitung erhält, hat immer ausreichend Material, um Formen auszuschneiden und aufzukleben. Mal werden Formen zum Schneiden angeboten. Mal werden Papierstücke ausgerissen und auf vorgezeichnete Formen geklebt (Kreise, Schwünge, Dreiecke, etc.). Farbiges Papier oder Kataloge sind ebenfalls fantastische Materialien für Schneide- und Klebeübungen.

- Steine mit Wasserfarbe bemalen: Malprojekte sind immer toll. Da es sich um die Kleinen handelt, sollte man sich zunächst mit Wasserfarben zufriedengeben. Sie ergeben tolle Geschenke für die ganze Verwandtschaft.

… und noch einige Weitere, einfach aufgezählt, …

- Zähne (endlich) allein putzen
- Nase allein putzen
- Gesicht allein mit einem Waschlappen waschen
- Körper allein mit einem Waschlappen waschen
- Den Tisch mit einem feuchten Lappen abwischen
- Den Boden fegen und den Staub mit Handfeger und Schaufel aufkehren (optimal wäre ein eigener kleiner Besen und dazugehörige, kleine Handfeger und Schaufel)
- Die elterliche Kaffeemaschine durch Betätigung des Startknopfes in Gang setzen
- Den Hund anleinen und unter Aufsicht bürsten.
- Trockner sowie Waschmaschine ein- und ausräumen
- Mit einem Staubwedel einfache Flächen abstauben
- Den kleinen Tagesrucksack selbst packen

Übungen für vier- bis sechsjährige

Geben Sie den Kindern, den Raum, den sie benötigen. Sie werden sehen, die Kinder können schneller den Alltag bewältigen, als Ihnen lieb ist. Sie wollen und sie sollen lernen.

- Die Waschmaschine befüllen und gemeinsam mit Ihnen das Programm einstellen und anschalten. Das Waschpulver sollte noch von Ihnen eingefüllt werden.
- Helfen, die Geschirrspülmaschine auszuräumen.
- Das eigene Bett machen: Das Kopfkissen aufschütteln und die Decke umklappen und glattziehen kann das Kind sicherlich bereits.
- Den Frühstücks- und Abendbrottisch nicht nur auf- oder abdecken, sondern auch verschiedene Lebensmittel aufdecken. Dies können die Gläser mit Marmelade und Honig sein, der bereits gefüllte Brotkorb oder Ähnliches.
- **Helfen bei der Tierpflege**: Haustiere wollen gefüttert werden. Es kann das Wasser in den Napf gegossen werden. Auch das Trockenfutter kann vom Kind eingefüllt werden. Die Fellpflege von Tieren sollte zunächst unter Aufsicht durchgeführt werden, bis Sie sich sicher sind, dass das Kind diese Aufgabe richtig durchführt. Danach ist das Beobachten aus „sicherer Entfernung" angesagt. Die meisten Haustiere wissen, dass Kinder ein unschätzbares Gut sind und gehen entsprechend positiv mit ihnen um. Ein Auge auf sie zu haben, ist dennoch immer richtig!
- **Einkaufen**: In dieser Altersklasse sollte eine Einkaufsliste mit Bildern erstellt werden. Die Kinder

können im Supermarkt dann mit dieser Liste auf die Suche gehen und stets ein Paket des gewünschten Artikels bringen und in den Einkaufswagen legen. Im Optimalfall gibt es in dem Supermarkt Einkaufswagen für Kinder. So können sie ihre eigene Liste abarbeiten und die Eltern sind als Kontrollorgan und Rechnungszahler zugegen. (Selbstverständlich sind die Eltern dabei immer in Reichweite.)

- **Der Kaufmannsladen – wie im echten Leben**: Er sollte in keinem Kinderzimmer fehlen. Kaufen und verkaufen, um das tägliche Leben nachzustellen. Die meisten Kinder lieben dieses Spiel und können sich allein oder gemeinsam mit anderen Kindern, sogar mit ihren Eltern, stundenlang mit den verschiedenen Waren, dem Spielgeld, der Waage und den dazugehörigen Gewichten beschäftigen. Das Spielen mit diesen Dingen kann sich noch lange Zeit als attraktive Aktivität darstellen. Selbst die 10- bis 12-Jährigen spielen es noch gerne. Achten Sie darauf, dass die Einzelteile möglichst aus Holz bestehen und entweder naturbelassen sind oder mit umweltfreundlichen Farben bemalt wurden. Wer einen Heimwerker in der Familie hat, sollte sich den Kaufmannsladen eigens für die eigenen Kinder bauen lassen. Ältere Kinder können hierbei behilflich sein.
- **Mit Kreide auf den Gehwegplatten malen**: Was gibt es Schöneres? Und der nächste Regen wird schon wieder für Ordnung sorgen…
- **Weihnachtsmärchen und Theater**: Wie wäre es in dieser Altersstufe das erste Mal mit dem Kind ins

Theater zu gehen? In ein echtes Theater, kein Puppentheater! Suchen Sie sich das Stück gut aus. Nicht immer sind die modernen Kinder-Theaterstücke das, was wir Eltern uns wünschen. Aber urteilen Sie selbst.

... und noch einige weitere, einfach aufgezählt, ...

- Kartoffeln und Möhren schälen und schneiden
- Äpfel schälen und schneiden
- Allein die Toilette benutzen, spülen sowie den Decken anschließend wieder herunterlassen
- Den Po mit Hilfe abwischen
- Haare allein mit Shampoo waschen (ACHTUNG – unbedingt auf die Shampoo-Menge achten!)
- Das Bett durch Hochziehen und Glattstreichen der Bettdecke „machen"
- Das Bett bei Aufforderung selbst abziehen (Kopfkissen- und Bettdeckenbezug sowie Bettlaken)
- Saubere Kleidung selbst in die Schubladen verräumen
- Das Auto mit der Fernbedienung öffnen
- Fenster putzen
- Staubsaugen
- Beim Müllsortieren behilflich sein

Übungen in der Ausbauphase - Schulzeit

Viele Dinge können in der Schule nicht wirklich vollständig bearbeitet werden. Viele Ideen und Ansätze werden dem Kind in der Schule mitgegeben, doch der Ganzjahreslehrplan verlangt, dass man leider einige Themen nicht ausführlich bearbeiten kann. Dies ist der Punkt, an dem sich das angerissene Interessengebiet nach Hause verlagert. Dies ist auch der Punkt, an dem Eltern manchmal ebenfalls an ihre Grenzen gelangen, da sie auch nicht alles beherrschen können, nicht wahr? Aber mit vielen Anregungen aus dem Internet und dem Freundeskreis, der Verwandtschaft wird es dann trotzdem klappen.

Übungen für sechs- bis achtjährige

Diverse Montessori-Ratgeber beginnen gerade mit den Handarbeits-Aufgaben bereits viel früher. Dies ist aber doch eher abhängig vom Elternhaus bzw. von den Interessen der Kinder. Sicherlich kann man diese Aktivitäten bereits früher anbieten. Es ist die individuelle Entscheidung des Kindes, ob es bereits in jüngerem Alter mit dem Nähen, Häkeln und Stricken beginnen möchte. Nicht jedes Kind bringt dieses Potenzial mit.

- **Häkeln**: Auch bei ihnen kann die Feinmotorik noch verbessert werden. Häkeln ist eine Fähigkeit, die man nicht zwingend braucht, die aber auch nicht schaden kann. So kann man sich auf jeden Fall die

Mützen, die man tragen möchte, selbst gestalten. Viele Erwachsene haben deshalb noch das Häkeln im „hohen" Alter erlernt und eine Mütze wäre für den Anfang ein sehr gutes Ergebnis.

- **Stricken**: Im Prinzip finden wir hier die gleiche Begründung wie beim Häkeln. Es ist nur eine andere Technik, eigene Dinge zu gestalten. Später wird man sich freuen, wenn man ganze Abende mit diesem Hobby verbringen kann. Die kreativen Optionen sind einfach unerschöpflich. Fangen wir doch ganz einfach mit einem Schal an, um später ganze Pullover und Jacken stricken zu können.
- **Nähen**: In vielen Schulen wird in dieser Altersstufe die berühmte Sockenpuppe genäht. Es könnte aber auch ein Sockenhund sein... Nähen wir zunächst mit der Hand, altmodisch mit Nadel und Faden. Den Rest lernen wir später.
- **Der Geschirrspüler wird für viele Kinder nun zum besten Freund**. Naja, nicht ganz. Aber einmal oder zweimal am Tag muss sie nun einmal vollständig ausgeräumt werden.
- **Einfache Werkarbeiten** gemeinsam mit dem Vater oder dem Opa anfertigen
- **Einfache Arbeiten im Garten** verrichten wie harken, Blumen einpflanzen und säen
- Gemeinsam mit den Eltern die **Nutzpflanzenbeete betreuen**
- **Obst und Gemüse unter Aufsicht ernten** (Aufsicht, insbesondere beim Obst wegen stechenden Insekten)
- **Gartenarbeiten** wie harken oder Rasenmähen übernehmen

- **Sockenmemori**: Die Socken kommen bei den meisten Familien als buntes Sammelsurium aus der Waschmaschine und wollen wieder zu Paaren sortiert werden. Eine tolle Aufgabe für Kinder. Sie wird vielfach bereits früher empfohlen.
- **Vorbereitetes Essen aufwärmen** und servieren
- **Den Heimtierkäfig eigenständig reinigen** und neu befüllen
- **Die Futternäpfe** von Katzen / Hunden eigenständig **sauber halten**
- **Wassernapf von Haustieren** stets gefüllt und **sauber halten**

Übungen für acht- bis zehnjährige

Wir wollen ehrlich sein – in diesem Alter sind wir an einem Punkt angekommen, an dem die meisten Kinder für sich einen Weg gefunden haben mit dem Alltag in der Schule, aber auch zu Hause zurechtzukommen. Aufgrund der bereits erlangten Eigenständigkeit kann es schwierig werden, ihnen neue Bereiche und Themen des Lebens zu präsentieren, die sie noch nicht kennen bzw. von ihren Eltern gelehrt bekommen wollen. Viele Kinder geben offen zu, dass sie in dieser Phase eine „Belehrung durch die Eltern" nicht mehr als passend / angemessen ansehen. War es bei den kleinen Kindern noch einfach, sie an neue Themen heranzuführen, fängt es an, schwierig zu werden. Aber da müssen wir Eltern wohl durch, richtig?

- **Fensterputzen**: Diese Aufgabe ist nicht schwer. Um Streifen zu vermeiden, bedarf es nur ein wenig Übung.
- **Das Gartenhaus anstreichen**: Überlassen Sie das jährliche Anstreichen des Gartenhauses ruhig einmal den Kindern. Vielleicht wird es fürchterlich bunt. Vielleicht werden Sie aber auch fürchterlich überrascht sein. Achten Sie auf Kleidung, die schmutzig werden kann und vorsichtshalber auch eine Kopfbedeckung. Der Rest kommt ganz von allein.
- Den Mülleimer zur Abholung an die Straße stellen
- Schuhe putzen
- Tee kochen
- Pfannkuchen backen
- Telefonate am Festnetz annehmen und an die entsprechende Person weiterleiten

Übungen für zehn – bis zwölfjährige

Die Kinder werden größer und stärker. Dadurch verändern sich auch die Interessen. Hat das Kind zuvor Fußballspielen geliebt, interessiert es sich jetzt mit einem Mal für Naturwissenschaften. Das Mädchen, das nichts anderes als Ballett machen wollte, entpuppt sich mit einem Male zum Sprachgenie. Wir wissen nie im Voraus, in welche Richtung sich unsere Kinder entwickeln. Deshalb ist es nicht einfach, ihnen in dieser Phase eine gewisse Eigenständigkeit zu gewähren, trotzdem aber zu wissen, dass sie auf das pubertäre, schwarze Loch zulaufen, dass sie eventuell planlos werden lässt. Soll man nun eingreifen oder nicht? Zum Glück ist dies erst die Vorpubertät, sodass wir noch die Optionen haben, ihnen einige gute Ansätze mitzugeben. Und mit diesen guten Ansätzen wächst auch die Verantwortung, die wir ihnen übergeben. Dennoch sollten wir nicht vergessen, dass die Kinder nun ein wenig mehr Zeit für sich selbst benötigen, um sich mit dem sich verändernden Körper wieder in der Welt zurechtfinden zu können.

- **Das Einkaufen** beherrschen sie mittlerweile sehr gut. Man sollte sie also ab und an mit dieser Aufgabe betrauen, um selbst ein wenig Unterstützung zu erfahren, denn Familienleben ist auch irgendwie Teamwork, nicht wahr?
- **Kommen Übernachtungsgäste**, sind Kinder dieser Altersstufe definitiv in der Lage, das Gästezimmer vorzubereiten: Neue Bettwäsche, vielleicht frische Blumen oder ein wenig Obst auf den Nachttisch und natürlich einmal durchlüften. Diese Aufgabe haben 10- bis 12-Jährige im Handumdrehen erledigt.

- **Das Ehrenamt**: Nein, eigentlich kann man nicht früh genug damit beginnen, sich für die Schwächeren unserer Gesellschaft einzusetzen. Warum also sollen Kinder nicht mit in ein Pflegeheim kommen und sich eine Weile mit den älteren Menschen unterhalten? Gerade in diesem Alter gibt es so einiges, was die Senioren den Kindern noch „life und in Farbe" erzählen können. In der nächsten Generation kennt man auch diese Geschichten dann noch vom Hören-Sagen. Es muss ja aber nicht zwangsläufig das Pflegeheim sein. Tierheim, Kleiderkammer, oder im Krankenhaus vorlesen – es gibt so viele Ideen, die man verwirklichen könnte, wenn man nur so viele Kinder hätte…
- **Jugendfeuerwehr**: Ja, auch sie gehört zum Freiwilligendienst. Doch ist sie eventuell sogar lebenswichtig. Daher ist sie, für Mädchen wie für Jungen, immer eine gute Entscheidung. Sollte vor Ort keine eigene Jugendfeuerwehr sein, weiß der Wehrführer auf jeden Fall, mit welcher Gemeinde diesbezüglich zusammengearbeitet wird.
- **Jugend Rot Kreuz**: Wer sich bei der Feuerwehr nicht wohlfühlt, kann sein Glück beim Jugend Rot Kreuz versuchen. Sie übernehmen vielfältige Aufgaben. Einiges an Wissen, das dort gewonnen werden kann, ist eigentlich ein Grundwissen, das jeder besitzen sollte.
- **Das Jugend THW**: Das Technische Hilfswerk ist eine große Unterstützung in unterschiedlichen Katastrophen- und Krisensituationen. Hier wird immer Nachwuchs gebraucht.
- **Das sonntägliche Backen**: Haben die Kinder bisher gerne mit Ihnen zusammen gebacken? Dann ist

jetzt ein guter Zeitpunkt, dass bestimmte Kuchen, Kekse oder Waffeln von ihnen allein gebacken und der Familie serviert werden. Keine Bange – Sie haben immer noch das beobachtende Auge auf die Kinder gerichtet. Es kann also während der ersten, eigenständigen Versuche gar nichts passieren.

- **Das eigene Zimmer sauber halten**: Ja, das ist möglich. Hat man in den vorherigen Jahren immer noch mit angepackt, damit das Zimmer richtig sauber und ordentlich wurde, ist es nun soweit, dass die Verantwortung, mit einigen Ausnahmen, vollständig an das Kind übertragen wird. Es weiß, wie der Staubsauger funktioniert. Es kann den Besen benutzen. Vielleicht kann es sogar feucht aufwischen. Staubwischen sollte mittlerweile eine Selbstverständlichkeit sein.
- **Die Schreibwerkstatt**: Erzählt Ihr Kind gerne Geschichten? Wie wäre es, wenn diese Geschichten für die Nachwelt festgehalten würden? Die meisten kleinen Schreiberlinge mögen diesen Gedanken.
- **Das Tagebuch**: Wer noch nicht damit begonnen hat, fängt in dieser Entwicklungsphase damit an. Vieles geht dem Kind im Kopf herum. Nicht über alles lässt sich leicht sprechen. Wird es aber aufgeschrieben, so ganz im Geheimen, hat man diese Gedanken dem Universum mitgeteilt und steht somit nicht mehr allein mit ihnen da.
- **Wäsche sortieren**: Beginnen Sie am besten zunächst mit der sauberen Wäsche. Sie wird ordentlich zusammengelegt und auf die verschiedenen Zimmer / Personen verteilt.

- Bügeln: Nein, das kleine Schwarze wird es noch nicht werden. Aber T-Shirts und ähnliche Kleidungsstücke können bereits vom Kind selbst gebügelt werden.
- Das Einräumen der Spülmaschine sollte kein Geheimnis mit sieben Siegeln mehr sein.
- Holz sägen
- Holz spalten
- Den Kaminofen eigenständig anfeuern (wenn die Eltern zu Hause und darüber informiert sind)
- Eigenverantwortlich ein Haustier / Kleintier besitzen
- Die Einkaufsliste für die Familie führen
- Das Auto der Familie sauber halten
- Die Einkäufe für die Eltern hereintragen und einsortieren

Vermutlich gäbe es in jeder Altersstufe noch viele andere Aktivitäten, die man aufführen könnte. Je älter die Kinder werden und sich ihr angeborenes Potenzial durchsetzt, desto schwieriger wird es, die Aktivität einer bestimmten Altersgruppe zuzuordnen. Aufgrund des eigenen Lerntempos und der eigenständigen Auswahl der Aktivitäten ist es nicht einfach, die Kinder altersmäßig unter einen Hut zu bekommen. Jedes Kind hat seine Stärken und Schwächen und kann somit nicht alle Bereiche des Lebens gleichermaßen abdecken.

Wir haben es dennoch hoffentlich geschafft, einen Einblick in die verschiedenen wichtigen Aktivitäten des Alltages bieten können. Aktivitäten, die neben der Schule von Wichtigkeit sein können.

Montessori – Spielzeug selbst basteln

Die Frage ist berechtigt: Kann man Montessori-Spielzeug selbst basteln? Und die Antwort ist, JA man kann! Das ist auch ganz gut so, denn man muss leider ganz ehrlich zugeben, dass Montessori-Spielzeug im Fachhandel nicht immer günstig ist. Wer jedoch einige Fingerfertigkeiten in puncto Spielzeug basteln aufweisen kann, der sollte die Gelegenheit nutzen und genau das Spielzeug basteln, was an diesem Punkt der Erziehung benötigt oder vielleicht sogar gewünscht wird, somit könnte man es vielleicht sogar mit dem Kind zusammen fertigen, wenn es schon ein geeignetes Alter hat.

Bedenken Sie aber, dass für selbstgebasteltes ebenfalls natürliches, naturbelassenes Material verwendet wird, damit es letztlich seinen korrekten Zweck erfüllen kann. Sicherlich könnte man ein ganzes Buch mit Bastelanleitungen, sowohl mit, also auch ohne Bilder fertigen. Wer sich jedoch die Mühe macht und im Internet den Suchbegriff „Montessori Material selbst herstellen" eingibt, wird sofort mit guten und weniger guten Anleitungen, mit und ohne Fotostraße überflutet.

Wer sich mit dem eigenständigen Herstellen des Materials befassen möchte, sollte viel Spaß am Basteln und Werkeln mitbringen. Wer es wiederrum nur macht, um Geld zu sparen, tut besser daran, das vorproduzierte Material aus den Montessori-Shops zu kaufen. Diese sind übrigens auch eine gute Vorlage, für diejenigen, die das Material selbst herstellen wollen.

Schlusswort

„Erziehung ist Vorbild sein und der Rest ist ganz viel Liebe!"

Na, wie sieht es aus? Können Sie einfach „nur" ein gutes Vorbild sein und die ganze Liebe Ihres Herzens fließen lassen, um aus diesem kleinen, neugeborenen Wesen auf Ihrem Arm einen guten Menschen, ein wertvolles Mitglied der Gesellschaft zu machen? Nun haben Sie unseren Leitfaden, unsere Abenteueranleitung gelesen. Wunderbar, wenn Sie immer noch von der Montessori-Methode überzeugt sind und sich dafür entschließen wollen.

Sicherlich wird es immer wieder für uns Eltern frustrierende Phasen geben. Phasen, in denen wir uns wünschten, dass wir einen anderen Erziehungsstil eingenommen hätten. Phasen, in denen wir Eltern auch nur Menschen sind, die Nerven haben. Und dann kommt das Kind zu uns, mit einer tollen eigenen Idee und wir sind wieder so froh und so stolz darauf, dass alles andere in Vergessenheit geraten ist. Versuchen wir, in diesen Phasen die Achtsamkeit bei dem Kind zu belassen und nicht auf unserem eigenen Ego. Es geht nur um das Kind. Allerdings werden viele feststellen, dass das Leben mit dem Kind auch noch die eine oder andere Lektion für uns „Große" bereithält.

Ja, unsere Kinder, die durch die Montessori-Schule gehen, sind ein wenig anders als andere Kinder. Wir wissen genau, welche Besonderheiten sie ausmachen. Es ist die Selbstverständlichkeit, mit der sie das Leben, andere Seelen annehmen können, die sie letztlich zu fantastischen und vollwertigen Menschen in unserer Gesellschaft machen werden. Wohin sie dies führt? Das weiß keiner so genau. Aber eines ist sicher: Mit dieser Basis werden sie überall zurechtkommen. Für sie gibt es keine Grenzen, nur Herausforderungen. Für sie gibt es keine „furchtbaren Kollegen“, nur Menschen, die alle ihr eigenes Paket zu tragen haben.

Beginnen wir am Anfang, begleiten wir sie ein Stück ihres Weges und den Rest müssen sie, ganz nach der Montessori-Methode, selbst herausfinden!

Impressum

Herausgeber:
Jan Stoll
Oskar-Schindler-Weg 16
73079 Süßen
Deutschland

Cover
Lauria (fiverr) | depositphotos.com

Cover Stockimages (Urheber)
Yaruta | depositphotos.com

Logo
prdaku (fiverr)

Raum für Ihre Notizen:

Printed in Poland
by Amazon Fulfillment
Poland Sp. z o.o., Wrocław

12456930R00076